AF320049

UNIVERSITÉ DE FRANCE. — ACADÉMIE DE NANCY

# DROIT ROMAIN

## DU CONCUBINAT

## DROIT FRANÇAIS

# DES ENFANTS ASSISTÉS

## THÈSE POUR LE DOCTORAT

PRÉSENTÉE

## A LA FACULTÉ DE DROIT DE NANCY

PAR

### Lyonnel DIDIERJEAN

Avocat près le Tribunal de Saint-Dié (Vosges).

NANCY

IMPRIMERIE PAUL SORDOILLET

RUE SAINT-DIZIER, 51

1881

# DROIT ROMAIN

# DU CONCUBINAT

# DROIT ROMAIN

# DU CONCUBINAT

## DROIT FRANÇAIS

# DES ENFANTS ASSISTÉS

# THÈSE POUR LE DOCTORAT

PRÉSENTÉE

## A LA FACULTÉ DE DROIT DE NANCY

PAR

### Lyonnel DIDIERJEAN

Avocat près le Tribunal de Saint-Dié (Vosges).

L'Acte public sur les matières ci-après sera présenté et soutenu
le lundi 16 janvier 1882, à quatre heures du soir.

Président : M. Liégeois, *Professeur.*

Suffragants :
- MM. Blondel, Garnier, *Professeurs.*
- Beauchet, Bourcart, *Agrégés.*

Le Candidat répondra, en outre, aux questions qui lui seront faites
sur les autres matières de l'enseignement.

## NANCY

### IMPRIMERIE PAUL SORDOILLET

RUE SAINT-DIZIER, 51

1881

# FACULTÉ DE DROIT DE NANCY

MM. LEDERLIN, I. ✿, — Doyen, Professeur de Droit romain (2e chaire), autorisé à faire le cours de Pandectes, et Chargé du cours de Droit français étudié dans ses origines féodales et coutumières.

JALABERT, ✳, I, ✿, — Doyen honoraire.

LOMBARD (A.), I. ✿, — Professeur de Droit commercial et Chargé du cours de Droit des gens.

LIÉGEOIS, I. ✿, — Professeur de Droit administratif.

DUBOIS, I. ✿, — Professeur de Droit romain (1re chaire), et Chargé du Cours d'Histoire du Droit romain et du Droit français.

BLONDEL, A. ✿, — Professeur de Code civil (2e chaire), et Chargé du cours de Droit constitutionnel.

BINET, A. ✿ — Professeur de Code civil (3e chaire), et Chargé du cours de Droit civil approfondi dans ses rapports avec l'Enregistrement.

LOMBARD (Paul), A. ✿, — Professeur de Code civil (1re chaire).

GARNIER, — Professeur d'Économie politique.

MAY, — Professeur de Procédure civile.

CHAVEGRIN, — Agrégé, Chargé du cours de Droit international privé.

GARDEIL, — Agrégé, Chargé du cours de Droit criminel.

BEAUCHET, — Agrégé, Chargé du cours d'Histoire générale du Droit français public et privé.

BOURCART, — Agrégé, Chargé du cours de Pandectes, autorisé à faire le cours de Droit romain (2e chaire).

M. LACHASSE, I. ✿, — Docteur en Droit, Secrétaire, Agent comptable.

---

La Faculté n'entend ni approuver ni désapprouver les opinions particulières du Candidat. Le visa n'est donné qu'au point de vue de la morale et de l'ordre public (Statut du 9 avril 1825, art. 84).

# INTRODUCTION

----

Entre l'homme et la femme, la seule union qui fut reconnue à l'origine par la loi romaine, était celle que les jurisconsultes appellent justæ nuptiæ, ou justum matrimonium. Cette union ne pouvait être formée qu'entre personnes, qui l'une relativement à l'autre jouissait du connubium.

A cette époque, tout commerce établi en dehors des justes noces était illicite, ceux qui s'y livraient, méprisés. Il n'existait aucun nom, pour désigner des unions qui, présentant un caractère de permanence, ressemblaient par là au mariage, et se distinguaient des relations passagères qui rapprochent momentanément deux individus.

Mais la fréquence de ces genres d'union, et sans doute aussi les progrès de la civilisation, firent qu'à une certaine époque qu'il est impossible de préciser (1), la législation Romaine reconnut et désigna, par des termes spéciaux, ces mariages d'un ordre inférieur.

Celui que nous trouvons au bas de l'échelle, est le contubernium; c'est l'union entre esclaves ou avec un esclave. Il se réalise de trois manières: 1° par l'union de deux esclaves, 2° par l'union d'un homme libre avec une esclave, 3° par l'entretien de relations suivies entre une femme libre et un esclave. Toutefois si ces deux dernières espèces étaient reconnues par la loi, c'était seulement pour les prohiber, et les punir (2).

Ce ne fût que sous les empereurs chrétiens que le contubernium commença à produire des effets juridiques; jusque-là, l'assimilation qui existait entre les esclaves et les choses y avait mis obstacle (3). — Le maître pouvait séparer deux esclaves qui, même de son consentement, avaient entretenu des relations; il pouvait leur enlever leurs enfants, car ceux-ci étaient également sa propriété, des produits extraordinaires de sa chose. Constantin fit le premier pas dans la voie

(1) Il est présumable, que cette transformation demanda pour s'opérer une période d'années, et ne se réalisa pas tout d'un coup.

(2) PAUL. *Sentences,* liv. IV, tit. XXI (A), § 14, st suiv. et L. un, C. de mul. quæ se prop. sev. junx IX, 11.

(3) Cependant, bien avant eux déjà on avait été conduit par la force des choses à décider que la parenté servile était une cause d'empêchement au mariage. L. 14, § 2. D. de ritu nupt. XXIII, 2.

réformatrice en défendant de séparer les époux esclaves et de leur enlever leurs enfants (1).

Aux premiers temps de Rome, tout étranger était
un hostis: non seulement l'union en justes noces était
impossible avec lui, mais encore les relations sexu-
elles qui auraient pu s'établir entre un étranger et un
citoyen n'étaient pas reconnues par la loi.

Avec le temps, par suite de l'extension des posses-
sions romaines, des rapports s'établirent nécessairement entre Romains et étrangers, il fallut abandonner
la vieille maxime «*Advertus hostem æterna auctoritas
esto.*» On admit entre le citoyen Romain et le pérégrin
une union particulière qu'on appella *matrimonium sine
connubio*, que les romanistes désignent habituellement
sous le nom de mariage du droit des gens. Dans cette
union l'épouse était obligée de garder la fidélité conju-
gale; mais au lieu de prendre comme l'uxor le
domicile de son mari, elle conservait son domicile
antérieur. Le matrimonium sine connubio ne fondait
pas de famille, le père n'avait pas sur les enfants *la
puissance paternelle*; mais il n'était cependant pas
dépourvu de tout pouvoir sur eux. Ce pouvoir était
vraisemblablement réglé par la loi du pays auquel
appartenait l'époux étranger.

Entre le contubernium et le mariage du droit des

(1) L. 1. C. TH. II, 25.

gens, supérieur au premier, inférieur au second, se trouve le concubinat (1) que Giraud (2) a si exactement qualifié d'originalité de la civilisation Romaine.

C'est à cette union que Théodose appelle inæquale conjugium, que Justinien qualifie de licita consuetudo, que sera consacré ce travail.

Nous le diviserons en deux parties :

La première intitulée : du concubinat considéré en soi, indépendamment des effets qu'il produit, contiendra l'histoire du concubinat; nous verrons son origine, sa réglementation probable par les lois caducaires, ses modifications successives, et enfin son abolition par Léon le Philosophe. Nous étudierons en second lieu les conditions requises pour la validité du concubinat; en troisième lieu sa formation et sa dissolution.

La seconde partie sera consacrée à l'étude des effets du concubinat. Elle se divisera en deux sections :

La première intitulée : Des effets du concubinat entre les concubins ou par rapport à eux ;

La seconde : Des effets du concubinat relativement aux enfants qui en naissent.

Nous ferons précéder cette seconde partie d'un rapide examen de la question de savoir si en réalité le con-

(1) Le concubinat a quelqu'analogie avec le mariage morganatique, usité de nos jours en Allemagne et en Russie.
(2) *Journal des savants.* Mars 1880 — Le concubinat en droit Romain.

cubinat pouvait produire des effets juridiques, ou s'il n'était, comme l'a prétendu Gide (1), qu'une union dont la loi s'était complètement désintéressée.

(1) De la condition de l'enfant naturel et de la concibine à Rome. — Nouvelle revue historique de droit français et étranger. Mai-juin et juillet-août 1880.

# DU CONCUBINAT

CONSIDÉRÉ EN SOI

INDÉPENDAMMENT DES EFFETS QU'IL PRODUIT

## SECTION I

### Histoire du Concubinat.

*Origine du concubinat.* Les lois caducaires sont le premier document législatif qui fasse mention du concubinat, et encore le chapitre IV de ces lois, dans lequel il était vraisemblablement réglementé, a disparu, ce qui est la cause de lacunes et partant de controverses sur bien des points.

Mais si le droit civil n'avait pas jusque-là reconnu le concubinat, il existait en fait, et avait reçu depuis longtemps déjà la consécration de l'usage. Il en est question dans les pièces de Plaute, contemporain de la deuxième guerre punique (1) ; et dans les écrits de Cicéron (2). D'où il suit qu'incontestablement l'usage fut le premier législateur du concubinat. Les lois caducaires le trouvèrent tout établi et se bornèrent à le réglementer.

Mais à la suite de quelles circonstances cet usage prit-il naissance ?

Un auteur (3) pense que le concubinat aurait été imaginé par la femme pour se soustraire à la manus du mari. C'est là, nous semble-t-il, une confusion entre le mariage libre, celui où la manus n'existait pas, et le concubinat. Sans doute la manus était bien une conséquence du mariage, mais elle n'en était pas une conséquence nécessaire. La preuve c'est que la loi des douze Tables indiquait l'usus parmi les modes d'acquisition de la manus (4); or par l'usus la manus ne pouvait être acquise qu'après une année de cohabitation, et en outre à la condition que pendant ce temps la femme n'ait pas découché trois nuits de suite. La manus n'était donc pas toujours concomitante du mariage et n'en formait pas un des éléments essentiels. De plus, il est inadmissible que la femme ait imaginé une union dans laquelle, ainsi que nous le verrons plus loin, elle a une condition bien inférieure à celle de l'uxor

L'opinion généralement enseignée et à laquelle nous nous rallions, trouve l'origine du concubinat

---

1 PLAUTE — Epidicus, acte 3, sc. 4, v. 443 — Pænulus prologue v. 102. — Trinummus, acte 3, sc. 2 v. 738 et v. 745 et suiv.

(2) CICÉRON. De oratore I. 40.

(3) P. BERNARD. *Histoire de l'autorité paternelle.* — Voir le compte rendu de cet ouvrage dans la Revue historique de 1865.

(4) GAIUS I, § 111.

dans la division profonde qui existait entre les différentes classes de citoyens et dans les prohibitions de
mariage entre ces classes.

L'ancien droit Romain reconnaissait deux grands
ordres de citoyens : l'un aristocratique, jaloux de ses
prérogatives, auquel étaient réservées les fonctions
publiques et religieuses : l'ordre des patriciens ; l'autre
composé d'étrangers venus chercher un refuge à
Rome, ou de prisonniers de guerre affranchis, n'ayant
avec le premier d'autres rapports que ceux de dominé
à dominateur : l'ordre plébéien. On comprend dès
lors facilement que le mariage qui eut été le moyen
le plus rapide et le plus efficace de faire disparaître
la ligne de démarcation établie entre les deux ordres,
fut soigneusement prohibé par le législateur (1).
Mais malgré toutes les prohibitions il arriva, assez
fréquemment même, que mettant de côté la morgue
aristocratique et ses préjugés de race, un patricien
entretint des relations suivies avec une plébéienne.
On ne pouvait pas considérer comme une vile courtisane, la femme qui, poussée par son affection et ne
pouvant briser l'obtacle que la loi avait mis entre
elle et celui qu'elle aimait, vivait avec lui d'une façon
permanente et comme si elle avait été unie en justes
noces. Celle-là était une *pellex*, une *meretrix*, une
*focaria*, une *scorta ;* celle-ci une *concubina*. Sans doute
en droit aucune différence ne les séparait ; mais en

______

(1) Cicéron. de Repub., liv. II, chap. XXXVII, et Tite-Live, liv. IV,
chap. III, font remonter cette prohibition à la loi des douze Tables.
Mais il est probable que cette loi n'avait fait que maintenir un usage
qu'elle avait trouvé antérieurement établi.

fait la concubine jouissait d'une estime relative qui n'était pas accordée à la pellex (1).

En l'an 309 de Rome un plébiscite, rendu à l'instigation du tribun Canuleius, fit disparaître la défense de l'union entre les deux ordres. Mais si l'obstacle légal avait disparu, l'orgueil de la race patricienne, peut-être plus encore, la répugnance d'admettre aux sacra une femme de classe inférieure suffirent pour former une barrière insurmontable entre les deux ordres. Ce qui fit que pendant longtemps, même après la loi Canuleia, aucun patricien ne songea à faire d'une plébéienne son uxor.

Il y avait encore prohibition de mariage entre deux autres classes : celle des ingénus et celle des affranchis. Celle-là subsista après le vote de la loi Canuleia, nous en trouvons la preuve dans Tite-Live. Cet historien énumérant les avantages accordés par le Sénat à l'affranchie Hispala Fecennia qui avait dévoilé au consul Posthumius le secret des mystères des Bacchanales, cite entre autres, le droit d'épouser un ingénu (2).

*Le concubinat depuis les loi caducaires* (3). Le but que se proposait Auguste en édictant les lois caducaires était de favoriser les mariages, d'encourager à la procréation des enfants, et de réprimer la débauche, qui avait envahi toutes les classes de la société romaine. Aussi la loi Papia permet-elle le mariage

(1) Paul. L. 144, D. de verb sign. L. 16. Cicéron. de oratore. I, 40.
(2) Tite-Live, XXXIX, chap. XIX.
(3) Nous n'envisageons pas ici la question de savoir si le concubinat a été ou non réglementé par les lois caducaires. Pour notre part, nous croyons qu'il l'a été. Nous n'en voulons pour preuve que l'intitulé des lois 1 et 2 au titre de concubinis D. XXV, 7.

entre les affranchis et les ingénus autres que les sénateurs et leurs descendants (1). Mais il est probable que cette loi ne produisit pas plus d'effet qu'autrefois la loi Canuleia, et que les mœurs continuèrent à empêcher ce que la loi avait permis. Le concubinat entre l'affranchie et son patron, nous est indiqué par Justinien, au Digeste, comme la règle; le mariage, comme l'exception (2). Il continua toujours à être défendu aux ingénus d'épouser les femmes de mauvaise vie, les adultères, les entremetteuses même quand elles ont cessé d'exercer leur honteux métier, celles que leur profession oblige à se mêler aux hommes et à sortir de la réserve à laquelle était tenue la matrone romaine, celles qui tiennent un cabaret ou qui figurent soit dans les jeux de cirque, soit dans les spectacles (3).

Ces prohibitions fondées sur la séparation profonde qui existait à Rome entre les différentes classes n'étaient pas les seules; on peut citer encore la défense faite à un magistrat d'épouser une femme de sa province, aux citoyens Romains d'épouser des pérégrins (4).

---

(1) Celsus. L. 23, D. de rit nupt. XXIII, 2.

(2) Ulpien. L. 1. pr. D. de concubinis. Papinien. L. 62, § 1, D. XXIII, 2.

(3) Ulpien. Reg. XIII, § 2. Paul, sent. II, 26, § 11. L. 1 C. de nat. lib. V, 27.

(4) On peut encore citer comme causes du concubinat, même après les lois caducaires, les faits suivants :

1° Lorsque le patron consent au mariage de son affranchi, il perd les operæ. Or ces operæ avaient souvent une grande importance et le patron se résignait difficilement à s'en priver. Au lieu de contracter mariage l'affranchi ne pouvait donc en général former qu'un concubinat.

2° Lorsqu'il y avait eu contubernium entre deux esclaves, s'ils

Mais là où les lois interdisaient le mariage, le con-cubinat était autorisé en principe; et c'est évidemment dans ces entraves nombreuses apportées aux justes noces qu'il faut chercher la cause pour laquelle le concubinat s'ancra si profondément dans les mœurs romaines.

*Le concubinat sous les empereurs chrétiens.* Le con-cubinat était trop en contradiction avec les principes chrétiens sur l'indissolubilité du mariage, et sur l'égalité entre les époux pour que les empereurs chrétiens pussent le tolérer. Aussi, cette institution fut-elle l'objet de l'une des premières réformes de Constantin lors de sa conversion au chritianisme (1). Comprenant toutefois qu'il serait au moins maladroit et inprudent, peut-être même impossible de faire disparaître totalement le concubinat, il se contenta d'accorder une récompense à ceux qui préféreraient le mariage ; et d'infliger une incapacité à ceux qui demeureraient in concubinatu. « Il employait ainsi les deux mobiles les plus puissants sur la conduite des hommes : la crainte des peines, l'espoir des récom-penses » (2). La récompense c'était la possibilité de

venaient à être affranchis, ils continuaient leurs relations sous forme de concubinat; qu'avaient-ils besoin en effet de contracter mariage? puis-qu'ils n'auraient le plus souvent aucun patrimoine et qu'ils vivaient au jour le jour de leur travail.

(1) Dans un mémoire lu récemment à l'Académie des sciences morales et politiques, M. V. Duruy s'est attaché à démontrer que les réformes de Constantin avaient été inspirées non par son attachement à la foi chré-tienne, mais par les sentiments d'une politique habile. (Voyez Journ. off. 3 nov. 81). Ce serait donc à des considérations de ce dernier ordre que Constantin aurait obéi en essayant de supprimer le concubinat. Seule-ment nous avouons que dans l'espèce nous n'apercevons pas bien quelles elles pouvaient être.

(2) J. GODEFROI, *Sur le code Théodosien.*

rendre légitimes les enfants issus du concubinat en contractant subséquemment mariage ; la peine était l'incapacité de rien laisser aux enfants issus du concubinat s'ils n'avaient pas été légitimés (1).

Moins fervents chrétiens que Constantin, et animés d'un esprit plus humain, les empereurs Valentinien, Valens et Gratien, et après eux Arcadius et Honorius permirent à celui qui avait des enfants légitimes de laisser à ses enfants naturels (2) par donation ou par testament une certaine part de sa fortune (3).

A part cette modification, la situation des concubins et de leurs enfants reste, telle que l'avaient faite les constitutions de Constantin, jusqu'à Justinien. Cet empereur épousant Théodora, fille d'une belluaire du cirque, et prostituée, ne pouvait laisser subsister les prohibitions portées par ses prédécesseurs ; aussi il les abolit et traite le concubinat d'union régulière et licite (4).

*Abolition du concubinat.* — La législation de Justinien sur le concubinat dura jusqu'en 887, époque à

(1) L. 1 C. de nat. lib. V, 27. — L. 3 C. Th. de nat. fil. et mat. IV, 6. Constantin ne parle dans sa constitution que des personnes illustres (senatores sen præfectos). Mais la prohibition avait dû être générale, du moins à en croire Justinien. (Nov. 89, chap. 12 pr.)

(2) La qualification d'enfants naturels appliquée aux enfants issus du concubinat n'apparaît pas dès l'origine. Ce nom ne leur fut donné qu'à l'avènement de la morale chrétienne. Sans doute déjà auparavant on trouve dans les textes le terme naturales liberi, mais c'est pour désigner tous les enfants qui ne sont pas nés ex justis nuptiis. C'est dans ce sens qu'il est employé par Paul, au livre XII de ses Réponses.

(3) L. c. Th. de nat. fil, etc. IV, 6. Nov. 89, chap. 12, L. 2 C. de nat. lib. V. 27.

(4) L. 23, C. de nuptiis, V. 4. L. 5, in fine ad sen. Orf VI, 57.

laquelle l'empereur Léon VI le Philosophe, le supprima (1).

Il donne comme motifs que cette institution est contraire aux lois de l'Église et à la décence naturelle.

Mais remarquons le bien, cette prohibition du concubinat n'eut qu'un caractère purement pénal. Tout concubinat constitua un stuprum et fut puni de six ou douze coups de verges. Les avantages accordés par Justinien aux enfants issus du concubinat continuèrent à subsister.

Toutefois, malgré la novelle de l'empereur Léon, et les efforts de l'Église (2), le concubinat se maintint longtemps en Occident. Il subsista surtout avec ténacité dans le midi de l'Europe où il existait encore

(1) Imperatoris Leonis Augusti novellæ constitutiones, nov. 91.

(2) L'Eglise fut même à une certaine époque obligée de tolérer le concubinat. Ainsi tandis que nous lisons dans saint Augustin : « Concubinas habere non licet vobis, etsi non habetis uxores » ; nous trouvons dans les décisions du 1er concile provincial de Tolède de l'an 400 : « Cæterum qui non habet uxorem, et pro uxore concubinam habet, a « communione non repellatur, tamen ut unius mulieris, aut uxoris aut « concubinæ sit conjunctione contentus ». La conciliation entre ces deux textes a soulevé une vive controverse. Pérèze soutient que dans le canon de Tolède il faut substituer uxor à concubinat et qu'il y a là une erreur de copiste. Nous répondrons avec Hotman, Thomasius, Pothier, Giraud, que la même question posée au concile de Mayence (815) et au concile de Tibur (895) a été résolue de la même manière. Que de plus on ne s'expliquerait pas une erreur de copiste dans cette partie du canon : pro uxore concubinam habet.

Pour nous, saint Augustin, dans le texte cité, exprimait son opinion comme théologien ; et si d'autre part les canons des conciles décident qu'ils ne faut pas repousser de la communion (c'est-à-dire continuer à faire compter dans le sein de l'Église) ceux qui vivent en concubinat, c'est que l'Église avait compris, comme jadis Constantin, qu'elle ne pouvait d'un seul coup forcer les hommes à rompre avec une habitude aussi ancienne et aussi invétérée.

L'Église ne prit de dispositions contre les laïques concubinataires qu'au concile de Trente.

du temps de Cujas (1). Enfin Giraud (2) signale une sentence des consuls de Toulouse dans laquelle il est fait mention du concubinat.

(1) Ad lit. XXVI, 5, C.
(2) *Essai sur l'histoire du droit français au moyen âge*, I, 233. — Pièces justificatives, p. 113.

# SECTION II

## Conditions requises
## pour la validité du concubinat.

Le concubinat ne différait du matrimonium justum, que *solo dilectu* (1). De là résulte qu'en principe les conditions nécessaires à la validité des justæ nuptiæ étaient également nécessaires à la validité du concubinat, toutes les fois qu'elles n'étaient contraires ni à la nature même de cette union, ni à des dispositions législatives qui lui auraient été spéciales.

Les conditions dont la non-réalisation constitue un empêchement au mariage sont de deux sortes absolues ou relatives. Absolues lorsqu'elles sont exigées pour contracter l'union avec qui que ce soit, relatives lorsqu'elles sont nécessaires pour contracter l'union avec une personne déterminée.

Occupons-nous d'abord des conditions absolues. Il y en avait trois : la puberté, l'absence d'un premier lien, le consentement.

*Puberté.* — Cette condition est évidemment nécessaire pour la validité du concubinat comme pour celle du mariage. Un texte (2) nous en donne la preuve

(1). PAUL, *sent.* II, 20.
(2) L, 1, § 4 de concub. XXV, 7.

pour la femme que l'on voulait prendre comme concubine. Il doit en être évidemment de même pour l'homme qui contracte un concubinat. La raison de cette disposition est facile à saisir : c'est que l'encouragement à la procréation des enfants a été certainement l'un des buts principaux visés par le législateur en maintenant le concubinat. C'est qu'en outre il y a quelque chose d'immoral et contre nature dans une union avec une personne non encore sortie de la débilité de l'enfance (1).

*Absence d'un premier lien.* — La bigamie n'existait pas chez les Romains, et de même qu'on ne pouvait avoir deux épouses, on ne pouvait pas non plus avoir deux concubines, ni à la fois une épouse et une concubine (2). La réprobation et le mépris public flétrissaient les audacieux débauchés qui avaient plusieurs concubines (3).

De plus, il était défendu à la femme de se remarier avant l'expiration du temps fixé pour le deuil qui était d'une année lunaire ou dix mois (4). Cette prohibition, dont le but était, d'abord d'empêcher la confusion de part, ensuite d'obliger la femme à pleurer

(1) Nous n'entrerons pas dans l'exposé de la controverse existant entre les Sabiniens et les Proculiens : les premiers soutenant que la puberté devait être fixée ex habitu et inspectione corporis ; les seconds qu'il fallait déterminer un âge fixe, invariable à partir duquel l'enfant serait réputé pubère. En somme, dans le dernier état de la législation les filles étaient réputées pubères à douze ans, les garçons à quatorze ans.

(2) Nov. XVIII, chap. 5. Nov LXXXIX, chap 12, § 5. L. un. C. de concub. V. 26, PAUL, *sent.* II, 20.

(3) TACITE, I, 72.

(4) C'est ce que les textes désignent souvent sous le nom de legitimum tempus, L. L. 8, 10, 11, § 1 D. de his qui not. inf. III, 2.

son mari (1), devait également s'appliquer au concubinat. Toutefois certains jurisconsultes pensaient que
lorsque la femme venait à accoucher avant l'expiration des dix mois elle pouvait se remarier immédiatement (2). A plus forte raison, pensons-nous, devait-il
en être de même en matière de concubinat. Car il est
conforme à la nature des choses que la concubine,
malgré tout l'attachement et toute l'affection qu'elle
pouvait avoir pour son concubin, regrettât moins
vivement que l'épouse légitime celui qui n'avait pas
voulu l'élever jusqu'à lui.

*Consentement.* — Il n'y a pas de difficulté en ce qui
concerne le consentement des concubins ; il doit
nécessairement exister, de même que pour le mariage,
le consentement des époux.

Mais doit-on, comme en matière de justes noces,
exiger le consentement des ascendants, lorsque ceux
qui veulent contracter le concubinat sont alieni juris?
La question est discutée. Avant de la résoudre nous
croyons qu'il n'est pas inutile de rappeler sommairement les règles qui régissaient le consentement des
ascendants aux justæ nuptiæ. A ce point de vue, il y
avait une distinction à faire entre le fils et la fille.
Pour le fils il fallait à la fois le consentement de son
père et de son *paterfamilias,* c'est-à-dire de celui en
puissance duquel il se trouvait au moment du
mariage. Pour la fille, il suffisait du consentement du
père de famille. La raison de cette différence, c'est

(1) L. 11, § 1, D. de his qui not. inf. III, 2.
(2) Pomponius eam, quæ intra legitimum tempus partum ediderit,
putat statim posse nuptiis se collocare : quod verum puto. ULPIEN, L. 11,
§ 2, D. de his qui not. inf. III, 2.

que le mariage du fils fera entrer dans la famille des enfants qui plus tard seront sous la puissance de leur grand-père, et que *nemini invito heres suus agnascitur*. C'est ce qui ne saurait arriver quand c'est une filia-familias qui se marie.

Devons-nous appliquer les mêmes règles au concubinat? Certains auteurs pensent qu'en l'absence de texte formel prescrivant l'autorisation, il faut décider que le fils ou la fille de famille pouvaient valablement contracter un concubinat sans avoir besoin d'y être autorisés par leurs ascendants. Parce que, disent-ils, les enfants issus du concubinat naissent sui juris. Tel n'est pas notre sentiment ; nous pensons que le consentement du père de famille était toujours nécessaire. Sans doute, le concubinat ne fait pas entrer de membres nouveaux dans la famille, et c'est pour cela que le fils en puissance de son aïeul n'a pas besoin pour former un concubinat du consentement de son père. Mais, d'une part, le père de famille peut désirer une postérité, vouloir que son nom soit conservé ; ce qui n'arrivera pas si son fils prend une concubine ; et d'autre part, étant donnés les pouvoirs considérables attribués par la législation romaine au père de famille sur la personne de ses enfants, il serait singulier qu'il n'eût pu les empêcher de contracter une union moins honorable que les justes noces, et qui pouvait jeter du discrédit sur lui et sur la famille.

Venons-en maintenant aux conditions relatives. Les empêchements qui en résultent sont basés sur : la parenté, l'alliance, la morale, l'intérêt privé, l'ordre public.

*Parenté.* — Qu'il s'agisse de mariage ou qu'il

s'agisse de concubinat, la prohibition existe à l'infini en ligne directe ascendante et descendante. Il importe peu d'ailleurs que la parenté soit naturelle ou civile, et dans ce dernier cas que le lien d'agnation ait été rompu par l'émancipation. Un père adoptif ne pouvait donc prendre pour concubine sa fille adoptive.

En ligne collatérale, le concubinat comme le mariage est défendu entre le frère et la sœur ; il l'était certainement à l'origine entre l'oncle et la nièce ; la tante et le neveu. Mais le fut-il encore lorsque l'empereur Claude ayant voulu épouser sa nièce Agrippine (fille de son frère), obtint du Sénat que la prohibition fût levée, et que cette décision eût été généralisée (1). La question a divisé les interprètes. Pour nous, nous pensons que dès que la défense cessa d'exister pour le mariage, elle cessa également pour le concubinat, et nous tirons argument en ce sens de la loi 56 au Digeste : de ritu nuptiarum XXIII, 2, qui qualifie d'incestueux seulement le concubinat de l'oncle avec la fille de sa sœur.

Enfin pour ce qui est du concubinat entre cousins germains nous croyons qu'il fut défendu tant que le mariage entre personnes unies par ce lien de parenté fut également prohibé (2).

*Alliance.* — Les mêmes raisons de morale qui s'opposaient au mariage entre proches parents, formaient obstacle au mariage entre proches alliés. Comme celui

(1) Il faut remarquer que la prohibition ne fut jamais levée pour le mariage d'un oncle avec la fille de sa sœur ; et c'est dans ces limites seulement que nous posons la question. Gaius, 1, § 62.

(2) L'empêchement dont il est ici parlé, édicté par Théodose-le-Grand, fut supprimé par Justinien.

qui dans ces conditions aurait contracté les justæ nuptiæ aurait commis un inceste, il ne pouvait davantage vivre en concubinat. Car, remarquons-le bien, l'inceste ne dépend pas de la nature de l'union contractée, mais uniquement du degré de parenté des personnes qui s'unissent (1).

En outre, dès le jour où le mariage qui à l'origine n'était pas défendu entre alliés en ligne collatérale le fut entre beau-frère et belle-sœur (2), nous croyons que le concubinat dut l'être également.

*Morale.* — C'est en vertu de considérations tirées du respect des mœurs publiques qu'il avait été décidé qu'il était plus convenable que celui qui avait été le mari d'une femme, et avait ensuite divorcé, ne s'unit pas avec la fille que cette femme avait eue en secondes noces (3). Cette décision doit également s'appliquer au concubinat.

*Intérêt privé.* — Un sénatus-consulte rendu sous Marc-Aurèle décida que le tuteur ou le curateur d'une femme ne pourrait l'épouser avant qu'elle eut atteint sa vingt-sixième année. On craignait que, abusant de son influence sur son ancienne pupille, le mari ne parvînt à se dispenser de lui rendre ses comptes. Pour le même motif, la défense s'appliquait aussi aux fils de ceux qui avaient été tuteurs ou curateurs (4). Devait-on appliquer cette règle au concubinat ? L'affir-

---

(1) Pilette. Lettre à M. de Rozières sur le concubinat. *Rev. hist.*, t. XI.

(2) Cette interdiction date de Constantin et Constance. Elle fut renouvelée par Valentinien, Théodose et Arcadius. L. 5. C. de inc. et inut nup. V. 5.

(3) L. 12, § 3. D. de rit. nup. XXIII, 2. Just. § 9. I. 10.

(4) L. 66 pr. D. de rit. nup. XXIII, 2.

mative nous semble incontestable. Il est hors de
doute que l'influence de l'homme est presqu'autant
à redouter sur sa concubine que sur sa femme. Qui
ne voit dès lors combien il eut été facile d'éluder les
dispositions de la loi !

*Ordre public*. — Des considérations politiques avaient
conduit à défendre aux magistrats provinciaux d'épouser une femme domiciliée ou née dans la province où
ils exerçaient leurs fonctions. Ces considérations fort
exactement signalées par M. Accarias étaient de deux
ordres : d'une part, nécessité de soustraire les familles provinciales à la pression et aux violences du
fonctionnaire ; d'autre part, crainte qu'un magistrat
déjà puissant par ses attributions ne cherchât dans
une alliance avec une famille riche et puissante, un
moyen de se rendre indépendant du pouvoir central.

Le second danger disparaît complètement en matière
de concubinat ; car en général, la concubine appartient
à une famille de condition médiocre et dépourvue de
toute influence. Et cette même considération atté-
nue considérablement le premier ; aussi le magistrat
pouvait-il prendre pour concubine une femme de sa
province (1). Il paraît toutefois qu'il en résulta des
abus, car nous voyons l'empereur Alexandre Sévère
recommander avant d'envoyer un magistrat dans une
province, de lui donner une concubine (2).

Quant aux empêchements au mariage fondés sur
la différence des conditions, ils ne pouvaient s'appliquer au concubinat, puisque c'est précisément de là

---

(1) L. 5 D. de concub. XXV, 7.
(2) Ælius Lampridius, *Vie d'Alexandre Sévère*, chap. 42.

qu'il tire son origine. Nous ne reviendrons pas sur cette question dont nous nous sommes occupés en faisant l'historique du concubinat. Mais il nous reste à rechercher si l'on pouvait prendre pour concubine, une ingénue de condition et de mœurs honorables. Nous trouvons à ce sujet deux textes, l'un de Marcien, l'autre d'Ulpien qui semblent contradictoires. D'après Ulpien on ne peut prendre pour concubines que les femmes avec lesquelles on ne peut commettre un sta-prune (1); d'après Marcien on peut prendre pour concubine même une ingénue (2). D'après M. Accarias la loi de Marcien aurait été interpolée, parce que le latin en est très mauvais, et que entre personnes également honorables on présume le mariage et non le concubinat (3). D'après d'autres auteurs, Ulpien aurait employé mal à propos le mot stuprum, qui dans son texte devrait être remplacé par adultérium. Le jurisconsulte voudrait dire alors, qu'on ne pouvait vivre en concubinat avec une personne mariée et non divorcée.

Aucune de ces deux explications ne nous satisfait pleinement. Nous leur préferons celle qui a été présentée par Gide (4), qui a sur elles l'avantage de conserver les deux textes. D'après cet auteur, il y au-

____

(1) Ulpien. L. 1, § 1, de concub. XXV, 7.

(2) Marcien. L. 3 pr. D. ej. tit. Il y a encore en cette matière un passage de Flavius Vopiscus, historien d'Aurélien, duquel il semble résulter que cet empereur aurait prohibé le concubinat avec les ingénues (*Vie d'Aurélien*, chap. XLIX). Mais on admet généralement que cette défense n'avait été faite qu'aux sénateurs.

(3) Accarias. *Précis de droit Romain*. I, § 100, nᵒ 1.

(4) De la condition de l'enfant naturel et de la concubine dans la législation romaine. *Nouvelle revue historique, 1880.*

rait eu désaccord sur la question qui nous occupe entre Marcien et Ulpien. Ce dernier était resté fidèle à l'ancienne doctrine, et pour lui la matrone ne pouvait descendre au rang de concubine. Le premier au contraire mettait ses principes d'accord avec les mœurs du temps, sensiblement relâchées de l'ancienne rigueur ; et pour lui, le commerce avec la matrone ne revêtait plus les caractères du stuprum. C'est cette doctrine qui finit par prévaloir (1). Toutefois il faut le remarquer avec Marcien lui-même, l'union avec une personne de condition honorable n'est jamais présumée être un concubinat. Pour qu'il en soit ainsi, il faut une *testatio* manifestant de la part de ceux qui s'unissent l'intention de contracter non les justes noces, mais le concubinat.

Qu'était-ce que cette testatio ? En quelle forme devait-elle être faite ? Raisonnant par analogie d'un passage de Tacite (2) dans lequel cet historien nous apprend que les femmes qui se livraient à la prostitution étaient obligées de venir le déclarer aux édiles, Connan croit que cette testatio devait être faite de la même manière (3). Cette opinion est assurément fort ingénieuse, mais purement conjecturale. Il vaut mieux avouer qu'en l'absence de texte, nous ne pouvons savoir quelles étaient la nature et les formes de la testatio dont nous parle Marcien.

Remarquons en terminant que l'affranchie, qui ne pouvait être contrainte à devenir l'épouse de son pa-

---

(1) L. 34 D. ad leg. Jul. de adult. XLVIII, 5.
(2) Tacite. *Annales II.* 85.
(3) Connanus. *Commentarius juris civilis.* Liv. VIII, chap. XIII.

tron (1), ne pouvait, à plus forte raison, être obligée
de devenir sa concubine ; puisqu'elle aurait eu ainsi
une condition inférieure à celle d'épouse, qu'elle était
libre d'accepter ou de refuser.

(1) L. 28 de rit. nup. XXIII, 2.

## SECTION III

---

### Formation et dissolution du concubinat.

Nous l'avons dit déjà, c'est *sola animi destinatione,
solo dilectu*, que la concubine se distingue de l'uxor.
Il en résulte que les règles de la formation du mariage
sont également les règles de la formation du concubinat.

Quand donc le mariage romain était-il formé? Ici
la difficulté est grande. C'est que la question de savoir
à quel moment le mariage s'est accompli n'est pas,
comme le fait remarquer Gide (1), une question de
droit, mais une question de fait et il en donne cette
excellente raison que « l'un des traits caractéristiques
« de la jurisprudence romaine était de ramener toute
« question de droit à une question d'argent, et que le
« mariage qui n'est pas un contrat pécuniaire sortait
« par là même du cercle étroit des actes juridiques
« proprements dits ». Aussi les romanistes sont-ils profondément divisés sur la question. Nous allons passer
en revue les différentes opinions qui ont été émises.

La première, qui a été enseignée par tous les anciens auteurs, et qui aujourd'hui encore compte des

---

(1) GIDE. Loc. cit., p. 387.

partisans (1), consiste à dire que : toutes les conditions de validité étant d'ailleurs remplies, le mariage est parfait par le seul consentement des parties. Cette opinion argumente de textes assez nombreux, que nous nous bornerons à énumérer; l'examen auquel nous nous livrons maintenant ne rentrant qu'incidemment dans notre sujet (2).

D'après une seconde opinion dont Ortolan s'est fait le défenseur, le mariage serait un véritable contrat réel et exigerait pour sa perfection la tradition de la femme au mari.

Dans un troisième système, soutenu par Machelard et Demangeat, on reconnaît avec Ortolan que le consentement seul ne peut suffire à former le mariage; mais on n'admet pas que la possibilité de mener la vie commune résulte de la tradition de la femme au mari. Il faut d'après ce système qu'il y ait eu ductio de la femme in domum mariti (3).

« Vir absens uxorem ducere potest, femina absens « nubere non potest, » nous dit Paul (4); s'il en est ainsi, c'est que l'épouse peut parfaitement hors la présence de son mari prendre possession d'état de femme

----

(1) Cujas, Doneau, Pothier, *Contrat de mariage*, Ducaurroy, t. I., p. 79 et 80. — Pilette, loc. cit. Troplong, *de l'Influence du christianisme sur le droit civil des Romains*, p. 167.

(2) L. 11. D. de spons. XXIII, 1. L. L. 32, § 13, 66 de don. int. vir. et ux. XXIV, 1. L. 45 de cond. et dem. XXXV. 1. L. 30 de reg. jur. L, 17. L. L. 8 et 11, pr. de rep. C. V. 17. Nov. XXII, cap. 3.

(3) Il y a aussi une doctrine qui indique comme formes du mariage les formes de la manus. Ce sont là deux choses qu'il ne faut pas confondre, car si la manus ne peut exister indépendamment du mariage, il peut arriver, et cela arriva en effet fréquemment après les premiers temps de Rome, que la femme mariée ne soit pas in manu mariti.

(4) Paul. *Sent.* II, tit. XXIX, § 8.

mariée. Que devient alors la théorie qui exige pour la formation du mariage l'échange des consentements, et comment se peut-il qu'il y ait une différence entre l'homme absent et la femme absente? Les partisans du premier système répondent que le mot nubere employé au texte ne veut pas dire se marier, mais seulement accomplir les cérémonies du mariage, ce que ne peut faire évidemment une femme absente. La question, disent-ils, reste donc entière et n'est point du tout résolue par le texte de Paul. Nous ne saurions admettre que Paul ait consacré un texte à dire une naïveté. Et d'ailleurs comment suivre le premier système en présence de l'économie du texte. La règle qui y est posée par le jurisconsulte se compose de deux parties; la première : Vir absens uxorem ducere potest; la seconde : femina absens nubere non potest. Uxorem ducere potest, personne ne le conteste, signifie se marier (1), et nubere dans la seconde partie du texte qui fait antithèse à la première n'aurait pas le même sens! Ulpien pose du reste une règle analogue dans la loi 6 au Digeste, de ritu nuptiarum, XXIII 2 : « Cinna scribit : Eum qui absentem accepit uxorem, « deinde rediens a cœnâ juxtà Tiberim periisset ab « uxore lugendum responsum est. » Si la femme qui a été ducta doit pleurer l'homme chez qui elle a été ducta même en l'absence de celui-ci, c'est que par cette ductio le mariage a été formé. A cela, on répond dans le premier système que le texte ne dit pas que la femme non ducta ne doit pas pleurer son mari,

_______

(1) Voyez L. L. 8, 9, 21, 22, 28, 29. D. de ritu nupt. ou les mots mulierem ou uxorem ducere sont synonymes de matrimonium contrahere.

qu'en conséquence, aucun argument n'en saurait être tiré. Cela revient à nier l'importance qu'a dans la loi 6 le mot accepit. Ce n'est, on le voit, qu'en effaçant dans les textes les mots qui peuvent les embarrasser, que les partisans du système d'après lequel le mariage à Rome aurait été un contrat purement consensuel arrivent à soutenir leur opinion.

Il ne suffit donc pas du consentement pour former le mariage, nous en trouverons la preuve : 1° dans un texte de Scavola (1) : Une femme habite un pavillon séparé dans le jardin de son fiancé ; avant d'entrer dans le domicile conjugal, elle reçoit de lui une donation. Cette donation sera-t-elle considérée comme faite ante nuptias, et partant valable ? Le jurisconsulte répond affirmativement. On ne peut pas nier ici que les deux parties ne consentissent à se prendre pour époux, et cependant la donation faite par l'homme à la femme est réputée valable ; le mariage n'était donc pas encore accompli ;

2° Dans deux textes, l'un de Marcien et l'autre de Tryphoninus (2). Il résulte de ces textes que lorsque deux époux ont été faits prisonniers, s'ils ne sont pas séparés pendant la captivité, et s'ils reviennent ensemble à Rome, le mariage continuera d'exister en vertu du postliminium. Si le mari seul a été fait prisonnier, le mariage cessera d'exister alors même que la femme continuerait à habiter la maison du mari et qu'elle aurait la volonté de rester mariée. Comment soutenir alors que le consentement des époux qui ne suffit pas

______

(1) L. 66, § 1. D. de donat. int. vir. et ux. XXIV. 1.
(2) L. 25 de capt. et post. D. XLIX. 15. L. 12, § 4, h. t.

pour maintenir le mariage une fois formé, soit seul nécessaire pour le constituer?

Si en cas de captivité des deux époux, le mariage subsiste lorsque la femme n'a pas cessé d'être à la disposition du mari, c'est parce que cette mise à la disposition du mari est un élément essentiel à la formation du mariage. Qu'on ne vienne pas dire que si le mariage continue à exister, c'est que le postliminium s'appliquant à notre espèce, la captivité a transformé les justes noces en contubernium au lieu de les dissoudre : ce serait encore un argument en notre faveur. Car dire que dans ce cas particulier le mariage subsiste, mais sous forme de contubernium, n'est-ce pas admettre avec nous que la possibilité de la cohabitation de la femme avec son mari est un élément essentiel du mariage?

Les partisans du premier système font encore une objection tirée d'un texte d'Ulpien (1) : « Nuptias enim non concubitus sed consensus facit. » Même prise isolément, cette règle ne contredit pas notre théorie. On peut l'expliquer en disant que le consensus dont il s'agit est le consensus de contracter les justæ nuptiæ. Que cela pouvait servir à établir la distinction entre la situation d'uxor et celle de concubina qui ressemble à l'uxor quant au concubitus; c'est-à-dire quant à la communauté d'existence qui se forme entre elle et l'homme. Mais pour être sainement interprétée, la phrase d'Ulpien a besoin d'être rapprochée du reste du texte dont elle fait partie. Dans la loi 15, Ulpien parle d'un legs fait à une personne :

_______________

(1) L. 15 de cond. et dem. D. XXXV. 1.

« Si in familia nupsisset » la condition est réalisée, dit-il : « statim atque ducta est uxor quamvis non- « dum in cubiculum mariti venerit » ; vient ensuite la proposition invoquée par nos adversaires et qui se rattache au reste de la loi par le mot enim.

Quel est dès lors le sens du texte ? Il est très simple : le mariage existe dès qu'il y a eu ductio, sans qu'il soit nécessaire que la femme soit entrée dans la chambre à coucher de son mari, car ce ne sont pas les relations physiques qui constituent le mariage, mais bien le consentement — joint évidemment à la ductio dont Ulpien vient une ligne plus haut d'exiger l'accomplissement.

On invoque aussi en faveur du système du consentement, le principium de la loi 66 au Digeste de donationibus inter virum et uxorem, XXIV, 1, dont nous avons cité le premier paragraphe en faveur des autres opinions. Il faut répondre comme pour la loi d'Ulpien que les deux parties du texte ne doivent pas être séparées ; et alors il ressortira des deux fragments rapprochés que le mariage nécessitait pour sa formation deux éléments : le consentement ; et un fait matériel qui sera le plus souvent la ductio domum. Nous disons le plus souvent, parce que nous voyons dans le texte que le mariage peut être parfait même avant la ductio, et qu'il peut ne pas l'être même après la ductio. De là il nous semble légitime d'inférer que l'élément matériel destiné à réaliser l'intention dépendait de la volonté et des conventions des parties ; et que si en général ce fait matériel était la ductio, il n'était pas nécessaire qu'il en fût ainsi.

Quant à la seconde opinion qui exige pour la per-

fection du mariage la tradition de la femme au mari
et en fait un véritable contrat réel, elle ne s'appuie
sur aucun texte. On peut dire pour la réfuter, d'abord
que le propre d'un contrat est de produire une action,
et qu'on ne voit pas quelle action engendreraient les
nuptiæ. Sans doute il n'est pas inexact d'appeler le
mariage un contrat puisqu'il faut qu'il y ait accord de
volontés ; mais c'est un contrat d'une nature particulière, et qu'on ne saurait rapprocher des autres. D'ailleurs qu'est-ce que la tradition ? C'est la remise de la
possession ; or on ne peut avoir en sa possession les
personnes in manu (1).

Notre conclusion après cette discussion est que le
mariage à Rome se compose de deux éléments : le
premier, élément intentionnel, est le consensus ; le
second, élément matériel, est de la part de la femme,
*la prise de possession d'état de femme mariée* (2). Cette
prise de possession d'état se manifestait en général
par la ductio, voilà pourquoi la généralité des textes
parlent de l'uxor ducta. Mais les parties pouvaient
choisir à leur gré tout autre moyen. C'est pour cela
que Scævola dans le texte que nous avons examiné
plus haut, dit que le mariage peut être parfait avant
la ductio, et qu'il peut ne pas l'être après la ductio.

Pour le concubinat, notre solution sera donc celle-
ci : le concubinat est parfait par l'accord des volontés des parties, joint de la part de la femme à la prise
de possession d'état de concubine.

Quant à la dissolution du concubinat, elle s'effec-

(1) Gaius, II, § 90.
(2) M. Dubois, à son cours.

tuait sans aucunes formes spéciales. Les concubins n'étaient pas tenus comme les époux de s'envoyer le *libellum* de répudiation.

Nous voyons dans plusieurs textes que, l'affranchie devenue uxor de son patron ne pouvait lui envoyer le libellum repudiationis et le quitter malgré lui sans perdre le connubium avec tout autre (1). Il ne lui était même pas permis, quand elle était l'affranchie de deux patrons, et qu'elle était divorcée avec l'un d'eux, d'épouser l'autre. Doit-on appliquer ces règles au concubinat? L'affranchie concubine de son patron ne pouvait-elle le quitter sans encourir une déchéance? La solution de cette question paraît avoir été discutée (2). L'avis d'Ulpien rapporté au Digeste (3), est que la femme qui rompt malgré le patron le concubinat qu'elle a formé avec lui, perd le connubium, mais peut toujours devenir concubine.

(1) L. 11, de div. et repud., D. XXIV, 2.
(2, 3) L. 1, princ., § 1, de concub., D. XXV, 7.

# DES EFFETS

# DU CONCUBINAT

---

PRÉLIMINAIRES.

Avant de passer à l'étude des effets du concubinat, il convient de se demander s'il en produisait réellement. La question n'est pas oiseuse : elle avait déjà été controversée entre les anciens commentateurs et résolue négativement par certains d'entre eux (1). Cependant l'unanimité semblait s'être établie en faveur de l'affirmative quand en 1880, Gide, alors professeur à la Faculté de droit de Paris, communiqua à l'Académie des sciences morales un mémoire (2) et fit paraître dans la *Revue historique* deux articles (3)

---

(1) Bartole, Doneau, Puchta, Gide (loc. cit.), cite aussi Pothier, *Pandectæ*, l. 25, t. 7. Concubinatus utpote naturalis tantum, lege quidem permittente contrahitur, at non ex lege; unde et minus proprie legitima (conjunctio) dicitur, et civilia jura non parit. L'argument qu'on pourrait tirer de ce passage ne nous paraît pas concluant, car sur la même l. 25, t. 7, Pothier dit aussi dans un autre passage : Concubinatus igitur est permissa viri et mulieris conjunctio quæ matrimonium imitatur.

(2) *J. off*. 25 fév. 1880.

(3) *Nouvelle revue historique*, mai-juin et juillet-août 1880.

dont le but était de démontrer que le mot latin *concubinatus* était improprement traduit par *concubinat*, qu'il fallait traduire *concubinage* ; que les règles du Digeste en cette matière étaient des règles de *droit pénal et non de droit civil;* enfin que le *concubinage* n'était *soumis à aucune condition légale* par cette raison bien simple *qu'il ne pouvait produire aucun effet légal soit entre les deux personnes ainsi unies, soit à l'égard des enfants issus de cette union.*

Tout d'abord traduire concubinatus par concubinage nous semble un véritable contre-sens. Le concubinatus romain était certainement une union plus durable que le concubinage de nos jours De plus, les textes nous disent qu'on ne pouvait avoir qu'une seule concubine; tandis qu'il est évident que rien ne s'opposait à ce que l'on ait plusieurs concubines, dans le sens que l'on attribue aujourd'hui à ce mot (1).

L'union des deux sexes considérée au point de vue juridique, dit Gide, peut présenter suivant les circonstances trois caractères bien différents. Tantôt c'est un mariage que la loi consacre; tantôt c'est un attentat aux mœurs que la loi punit ; tantôt enfin, c'est un acte indifférent, ni criminel, ni légitime, un simple fait qui n'existe pas aux yeux de la loi. Ce simple fait, cet acte indifférent, c'est le concubinat. Qu'il en ait été ainsi avant Auguste, nous ne songeons pas à le contester, et personne à notre connaissance ne l'a essayé. Mais nous croyons bien fondée la conjecture d'après laquelle un chapitre spécial des lois caducaires aurait été consacré à la réglementation

(1) Nov. LXXXIV, chap. 12, § 5.

du concubinat. Comment expliquer en effet que Paul et Ulpien aient inséré des règles relatives au concubinat dans leurs commentaires sur les lois Julia et Papia, si elles n'avaient pas traité de cette institution (1)? Comment comprendre ce passage si formel de Marcien : « Quia concubinatus per leges (2) nomen assumpsit? » Est-ce en disant comme Gide, que le concubinat est entré dans la langue technique du droit depuis les lois d'Auguste, parce que ces lois en définissant le concubinage qu'elles punissaient, ont implicitement déterminé celui qu'elles ne punissaient pas? Cela est sans doute fort ingénieux; mais il nous semble que c'est aller chercher bien loin le sens d'un texte bien clair. Si concubinatus per leges nomen assumpsit, c'est qu'il a été défini formellement par les lois Julia et Papia Poppœa.

Ayant établi que le concubinat est un fait indifférent aux yeux de la loi, Gide en conclut qu'il ne peut produire aucun effet légal : d'abord entre les concubins. Il est cependant, dit-il, un cas où le concubinage semble produire un effet légal, cas unique mais fréquent dans les mœurs romaines. C'est celui où un homme prend pour concubine une de ses affranchies : celle-ci doit à son patron la même fidélité que s'il l'eût épousée; si elle le trompe, elle est punie comme adultère (3). Eh bien! la cause de cet effet juridique n'est pas, comme on pourrait le croire, dans le con-

---

(1) L. 1, de concub., D. XXV, 7. Ulpianus, lib. 2, ad legem Juliam et Papiam. L. 2, h. t. Paulus lib. 12, ad legem Juliam et Papiam.

(2) On sait que *leges* dans le langage des jurisconsultes romains désigne généralement les lois caducaires.

(3) L. 13, pr. ad. leg. Jul. de adult. XLVIII, 5.

cubinat, mais dans l'acte d'affranchissement ; c'est
une conséquence de *l'obsequium* que tout affranchi
doit à son patron. Cela est à notre avis absolument
inadmissible. Il est impossible de poursuivre une
femme pour adultère, si elle n'est unie que par
des liens que la loi ne connaît pas. Comment
admettre, si aux yeux de la loi il n'y a pas d'union,
que cette même loi punisse la femme qui manque
à son devoir de fidélité? Il y a là une contradiction
dont le législateur romain n'a pas dû se rendre
coupable.

Si le concubinat est un fait extra legem, pourquoi
ces prohibitions de mariage entre le fils et celle qui
a été la concubine de son père ; entre le père et celle
qui a été la concubine de son fils? Il est difficile de
soutenir que ce ne soit pas là un effet propre et
direct du concubinat.

En second lieu, Gide cherche à démontrer que les
enfants nés du concubinat ne se rattachent à leur
père par aucun lien de parenté. Cela cadre peu avec
la définition que Gaius nous donne de la cognatio,
quand il dit : qu'elle fait partie de ces naturalia jura
quæ civilis ratio corrumpere non potest (1). Le
savant professeur se retranche derrière le texte qui
dit qu'il n'y a de parenté civile que par les hommes,
de parenté naturelle que par les femmes (2). Mais cela
veut-il signifier que les liens de cognation n'existent
pas entre les enfants et celui qui est uni à leur mère?
Nullement : il suffit pour s'en convaincre de lire le
texte en entier : « Vulgo quœsitos nullum habere

(1) Gaius, I, 158.
(2) Inst., § 4, VII, 5.

« adgnatum manifestum est ; cum adgnatio a patre,
« cognatio a matre sit. » Ce texte, on le voit, n'a
d'autre but que de dire que les liens d'agnation
n'existent pas entre les vulgo quæsitos et leur père et
les ascendants de leur père.

Gide dit encore que ce qui constituait aux yeux des
Romains la parenté naturelle, c'était un fait purement physique, non pas le fait de la génération que
la nature cache et que le juge ne peut constater,
mais le fait de la naissance. Ici encore nous avons à
relever une inexactitude : il n'est pas vrai de dire que
le juge ne peut constater le fait de la génération,
puisque en droit romain comme chez nous, il y avait
des présomptions d'après lesquelles le juge devait se
guider quand se présentaient des difficultés sur des
questions de ce genre (1). De plus, et nous empruntons cette idée à Gide lui-même, il arrivait souvent
que la paternité naturelle fut chez les Romains absolument certaine ; elle pouvait faire l'objet d'une constatation judiciaire et légale, et il en cite l'exemple
suivant : « Il est divers cas, dit-il, où la loi ro-
« maine n'avait permis d'affranchir un esclave que
« pour des causes déterminées qui pouvaient être
« déduites en justice et prouvées devant un tribunal.
« Or, parmi les causes admises, voici celles que les
« jurisconsultes citent toujours en première ligne :
« Un maître peut affranchir son esclave s'il prouve
« que cet esclave est son fils naturel ou son frère na-
« turel (2). »

(1) L. 3, § 11, de suis et leg. her., D. XXXVIII.
(2) Gaius, I, § 19. L. 11, de man. vind. D. XL, 2. L. 21, pr. de capt.,
D. XLIX, 15. Inst. I, 6, § 5.

Le concubinat a donc fait l'objet de dispositions spéciales de la loi, qui malheureusement n'ont pu être retrouvées ; et cette union produisait des effets tant entre les concubins qu'à l'égard des enfants qui en étaient nés. Nous allons maintenant étudier plus spécialement chacun de ces effets. Nous rencontrerons fréquemment dans le cours de cet examen des controverses qui nous permettront de revenir sur certaines parties de la théorie de Gide, que, pour éviter des redites, nous n'avons pas examinées ici.

SECTION I

---

## Effets du concubinat entre les concubins ou par rapport à eux.

*Effets du concubinat au point de vue de la position sociale.* — L'épouse était complètement associée à la condition et aux honneurs de son époux. Il n'en était pas de même de la concubine. Celle-ci vivait bien avec son concubin comme l'uxor; comme elle, elle habitàit le domicile conjugal et y remplissait les fonctions de maîtresse de maison; mais elle conservait le rang qu'elle avait avant de devenir concubine.

Néanmoins, il ne faudrait pas croire que le mépris s'attachait à la position de concubine, sa situation était intermédiaire entre celle de l'épouse légitime qui a avec son époux la divini et humani juris communicatio, comme dit Modestin (1), et celle de la courtisane avec laquelle les relations sont toujours passagères. Aussi Cujas nous dit-il que dans les inscriptions antiques la concubine était appelée *semi-nupta* (2). M. Accarias cherchant à expliquer cette singularité d'une union intermédiaire, remarque avec

---

(1) L. 1. de rit. nupt. D. XXIII, 2.
(2) Cujas. T. IV ad. tit. XXVI. C. de concub. ad. tit. I. C. de spons.

raison que les Romains ne connaissant pas les salons, les femmes avaient chez eux fort peu d'influence sur la formation de l'opinion. Dans nos sociétés modernes, au contraire, le mépris calculé de la femme mariée pour celle qui vit irrégulièrement rend inavouable toute union autre que le mariage (1).

Une preuve matérielle de ce fait que la concubine était loin d'occuper à Rome la position inférieure et méprisée de la vile courtisane, nous est fournie par certaines inscriptions tumulaires. C'est un légionnaire qui ordonne par son testament de réunir ses cendres à celles de sa concubine (2). C'est un vétéran qui élève un monument à sa concubine ingénue et à ses enfants (3). Ailleurs nous voyons figurer dans la même inscription le nom de l'uxor et celui de la concubine. En serait-il ainsi, si la concubine n'avait été qu'une simple maîtresse ?

Pourtant Gide n'admet point cette opinion. Il prétend que la situation sociale de la concubine de l'ancienne Rome était, à peu de chose près, la même qu'elle est encore de nos jours. Il reconnaît bien que la société antique avait sur les questions de bienséance et de moralité mondaine des idées différentes des nôtres. « La différence, dit-il, est incontestable, « mais le point sur lequel elle porte n'a pas été suffi- « samment précisé : l'indulgence de la morale antique « pour les unions irrégulières ne s'appliquait qu'à « l'homme ; quant à la femme, le *concubinage* était

(1) Accarias. *Précis de droit Romain*, I. § 100, n° 2.

(2) Orelli. *Inscriptionum latinarum selectarum amplissima collectio*, t. III, chap. 14, § 1, n° 6675.

(3) Orelli. *Ibid*, § 3, n° 6684.

« pour elle une flétrissure au temps des Romains
« comme aujourd'hui. »

A l'appui de son opinion, Gide fait valoir cette
considération que, même aux plus mauvais jours de la
décadence, jamais un poète romain ne se permit de
réhabiliter l'épouse coupable ou de railler le mari
trompé. Il cite les philosophes stoïciens et les Pères de
l'Église qui s'accordent à défendre d'avoir une concubine. Enfin il ajoute que ceux qui disent que le concubinat était une union honorable, oublient que les
concubines n'étaient le plus souvent que des esclaves,
des affranchies ou des prostituées ; et que l'honnête
femme qui se donnait comme concubine perdait par
là même le rang et le titre de *matrona* et de *mater-
familias*. Nous nous arrêterons un instant à ce dernier point. Nous contestons formellement que la
concubine perdit toujours le rang et le titre de mater-
familias : ce titre appartenait certainement à l'affranchie concubine de son patron (1) ; probablement sous
cette réserve qu'elle ne fut pas prostituée. Nous avons
pour nous confirmer dans cette croyance un texte formel d'Ulpien (2) ; duquel il résulte que l'affranchie
concubine de son patron ne perdait pas le rang de
matrona. De plus, comme le jurisconsulte ne nous cite
ce cas qu'à titre d'exemple — *Utputa quœ patroni
concubina fuit* — nous pouvons conclure que d'autres concubines encore avaient le titre de mater-
familias. Quelles étaient-elles ? Nous n'en savons rien.
Peut-être les ingénues qui avant de se livrer au concu-

(1) L. 41, § 1, de rit. nup. D. XXIII, 2.
(2) L. 13., pr. ad. leg. Jul. de adult., D. XLVIII, 5.

binat ne s'étaient pas prostituées? Mais ce n'est là qu'une simple conjecture.

*Effets du concubinat en matière de dot et de donations.* — Il est incontestable que la concubine ne pouvait être dotée, car la dot suppose un instrumentum dotale, et cet instrumentum constitue une preuve des justes noces. Ubicumque matrimonii nomen non est, nec dos est (1).

Une des principales manifestations de l'amour conjugal, sont les donations réciproques entre époux. Permises à l'origine, ces donations tombèrent en désuétude (2), puis furent défendues par une loi. Le motif qu'en donnent les jurisconsultes est : que l'on craignait qu'un époux n'usât de son influence pour forcer l'autre conjoint à se dépouiller en sa faveur. On ne voulait pas non plus que par la menace d'un divorce, un époux pût contraindre l'autre, qui désirait conserver son titre et sa situation, à acheter à prix d'argent le maintien de l'union (3). Il résulte de textes formels que cette prohibition n'avait pas été étendue au concubinat (4). Quant à la raison de cette différence, on n'en a donné qu'une seule; c'est que la loi trouvait que l'affectus maritalis qui entraînait à ce dépouillement ne pouvait exister dans le concubinat au même degré que dans le mariage. Cette explication purement conjecturale nous semble peu péremptoire. Car d'une part, au moins du côté de l'homme, l'amour

(1) L. 3, de jure dot., D. XXIII, 3.
(2) L. 1, de donat. inter vir, et ux. D. XXIV, 1.
(3) L. 3, de donat. inter. vir. et ux.
(4) L. 3, § 1, in fine de donat. inter vir. et ux. L. 31, pr. de don. D. XXIX, 5.

existe plus violent dans le concubinat que dans le mariage, puisqu'il lui faut rompre avec tous les préjugés de caste pour aller prendre une femme d'un rang inférieur, dans une famille obscure et pauvre. D'autre part, si le concubin est véritablement et sérieusement épris de la concubine, et que celle-ci le menace de se séparer de lui s'il ne lui fait une donation, le concubin cédera comme aurait pu le faire le mari. Il vaut mieux à notre avis avouer son impuissance à fournir la raison de cette dissemblance.

Étaient toutefois prohibées les donations faites à la *focaria* par le soldat avec lequel elle entretenait des relations (1). Reste à savoir ce que c'était au juste que la focaria. Était-ce la concubine du soldat ? Accurse et Hotmann le prétendent. Mais alors pourquoi lui donner un nom particulier ? Pilette dans sa dissertation sur le concubinat, dit, et cette explication nous paraît plus plausible, que la focaria était une femme entretenue par le soldat qu'elle suivait à la guerre et dont elle préparait les aliments. De là son nom de focaria ; de focus, foyer.

Justinien restreignit la faculté dont jouissaient les concubins de se donner la totalité de leurs biens. Elle ne fut plus entière que dans le cas où le concubin donateur mourait sans enfants légitimes. Dans le cas contraire le droit de disposer par donation était réglé ainsi qu'il suit : Si le concubin avait des enfants issus d'un précédent mariage, il ne pouvait disposer en faveur de sa concubine que d'une *uncia* qu'elle devait partager avec les enfants nés du concubinat. S'il

_______

(1) L. 2, de don. inter vir. et ux. C. V. 16.

n'y avait pas d'enfants issus du concubinat, mais seulement des justi liberi, la concubine ne pouvait recevoir que la moitié d'une uncia. S'il n'y avait que des enfants issus du concubinat, tous les biens étaient disponibles au profit de la concubine, parce que les enfants nés du concubinat n'ont pas de légitime dans la succession du père. La réciproque n'est pas vraie. Nous verrons en effet plus loin que les enfants issus du concubinat ont dans la succession de leur mère les mêmes droits que les justi liberi (1). En outre si le concubin laissait des ascendants, les libéralités qu'il faisait à sa concubine ne devait pas entamer leur réserve (2).

Enfin Constantin avait prohibé en les annulant pour le tout, les libéralités faites aux concubines prises dans les rangs inférieurs de la société ou qui avaient exercé des professions déshonorantes (3).

Nous ne nous occupons pas ici de la capacité des concubins en matière de donations testamentaires. Cette question se rattache à une autre que nous traiterons bientôt, et qui est celle de savoir si le concubinat faisait échapper aux déchéances prononcées contre les cœlibes et les orbi.

*Effets du concubinat en matière de successions.* — Le concubinat ne conféra jamais de droits à la concubine sur la succession de son concubin. Car primitivement les seules femmes qui avaient droit à prétendre à la succession de leur conjoint étaient celles qui étaient

(1) Sous réserve de certaines restrictions que nous indiquerons en traitant de la question.

(2) Nov. LXXXIX, chap. 12.

(3) L. 1. de nat. lib. etc. C. V. 27.

in manu mariti, parce que la manus les mettait vis-à-
vis de leur mari loco filiæ ; or la manus ne s'appliqua
jamais au concubinat. Et plus tard, quand le droit
prétorien eut créé la bonorum possessio unde vir et
uxor, cette faveur ne s'étendit qu'au justum matrimonium (1).

*Effets du concubinat en matière de vol.* — Quand
l'époux s'était rendu coupable d'un vol au préjudice
de son époux, la loi avait décidé, à cause de la dignité
du mariage, qu'il ne serait pas poursuivi par l'action
infamante de vol, mais par une action particulière,
créée à cet effet, qu'on appelait *actio rerum amota-
rum* (2). Mais l'exercice de l'action furti n'était pas
entravé quand le vol avait été commis par un concubin au détriment de son concubin (3). Il y avait en
effet moins de ménagements à garder, étant donnée
l'infériorité légale du concubinat par rapport aux
justes noces.

*Effets du concubinat en matière d'adultère.* — L'uxor
adultère était punie par la loi Julia de adulteriis. Cette
loi doit-elle être appliquée à l'adultère de la concubine ? Sur ce point qui divise les auteurs, trois systè-
mes se sont produits.

*1er Système.* — De ce que la concubine est à peu
près la même chose que l'épouse, qu'il y a peu de
différence entre le concubinat et le mariage, Cujas (4)
induit que les règles relatives à l'adultère doivent
être les mêmes dans les deux cas. Cette opinion a à

(1) L. 1, pr. unde vire et uxor, D. XXXVIII. 11.
(2) L. L. 1 et 2, de act. rer. amot. D. XXV. 2.
(3) L. 17, pr. de act. rer. amot. D. XXV. 2.
(4) CUJAS, Code tit. I. liv. 6, tit. XXVI, liv. 5, tit. IX. Liv. 9, loi. 23.

nos yeux le tort de méconnaître ce principe, admis par toutes les législations pénales : que les peines sont de droit étroit et ne peuvent s'appliquer par analogie d'un cas à un autre.

*2e Système.* — Ce système enseigné par Connan (2) est diamétralement l'opposé du premier. Il se fonde sur ce texte de Marcellus : « Nec adulterium per concubinatum ab ipso committitur (3) » que Connan traduit ainsi : Il ne peut y avoir d'adultère dans le concubinat. Nous n'admettons pas ce système plus que le premier. La traduction proposée par Connan est tout simplement un contre-sens. Pour avoir la vraie signification de ce passage il faut le rapprocher du reste du texte, et se rappeler en outre qu'adulterium est quelquefois pris pour stuprum. On verra alors que Marcellus a simplement voulu dire que le concubinat ne constitue pas un stuprum.

*3e Système.* — C'est celui que nous adoptons. Il a été proposé par Voët. Intermédiaire entre les deux autres, il s'appuie sur un texte formel qui est la loi 13 pr. ad legem Juliam de adulteriis XLVIII, 5. Voët, avec le jurisconsulte Ulpien, auteur du texte que nous venons de citer, distingue entre les concubines qui ont conservé après l'union le titre de matrona et celles qui l'ont perdu. Les premières seules pourront être poursuivies pour adultère. Toutefois il faut noter que le droit de poursuite du concubin n'est pas le même que celui du mari. Il ne pourra pas porter l'accusation *jure mariti*, ni par conséquent jouir du privilège que partageait le vir avec le père de la femme coupa-

(2) CONNAN. Liv. VIII, chap. 13
(3) L. 3, § 1, de concub. D. XXV, 7.

ble de se porter seul accusateur pendant les soixante jours qui suivent la dissolution de l'union. La poursuite ne pourra être exercée par lui que *jure extranei*, après les soixante jours, comme pourrait le faire tout autre citoyen. De là résultent notamment les conséquences suivantes : Le concubin qui sous l'influence de la colère tue sa concubine, qu'il surprend en flagrant délit d'adultère, ne pourra être condamné *lenius* (1). Le concubin qui a surpris sa concubine, commettant un adultère et qui ne la renvoie pas, ne commet pas un *lenocinium*.

*Effets du concubinat relativement aux déchéances et aux avantages édictés par les lois caducaires.* — Indiquons d'abord quels étaient les avantages accordés par les *leges* aux personnes mariées et qui avaient des enfants. Ils étaient au nombre de trois : *Le jus liberorum* qui était pour les hommes et les femmes la source de différents privilèges. Ainsi celui des deux consuls qui avait le plus d'enfants pouvait se faire précéder de faisceaux avant son collègue (2). Le jus liberorum procurait aux hommes une remise d'âge pour les honneurs, la dispense de l'obligation d'accepter les fonctions de judex et de tuteur. — Pour les femmes le jus liberorum, qui leur était accordé quand elles avaient trois enfants, si elles étaient ingénues ; et quatre, si elles étaient affranchies, les libéraient de la tutelle ; elles pouvaient faire leur testament sans l'auctoritas de leur tuteur ; elles succédaient ab intestat à leurs enfants en vertu du sénatus-consulte Tertullien. Nous devons dire pour être complétement

(1) Paul. *Sent.* II, 26, § 5.
(2) Aulu-Gelle. *Nuits attiques*, II, 15.

exact que ce droit n'a pas été créé, mais seulement confirmé par les lois caducaires.

*Le jus capiendi ex testamento*. Droit de recevoir par testament. Ce droit était refusé aux cælibes pour le tout, aux orbi pour la moitié.

Ces avantages, qui n'arrivaient pas à leur destination, étaient nommés *caduca* et attribués à titre de récompense à ceux qui avaient des enfants ; ils prenaient alors le nom de *præmia patrum*. Les patres avaient donc le *jus caduca vindicandi* qui est la troisième faveur résultant des lois caducaires.

Toutes ces prérogatives étaient-elles accordées aux concubins ? Telle est la question que nous avons maintenant à résoudre. Nous la traiterons séparément pour chacun des droits que nous venons d'indiquer.

*Jus liberorum*. — Ce droit est un avantage accordé à la procréation naturelle ; il n'est pas nécessaire pour qu'il soit attribué à un individu que celui-ci ait des enfants en puissance (1). La femme n'a jamais la potestas sur ses enfants, et pourtant elle jouit du jus liberorum ; pour l'acquisition de ce droit tous ses enfants doivent lui compter, tous se rattachent à elle d'une manière certaine. Pour l'homme, il n'en est pas de même, il faut distinguer entre les enfants légitimes et ceux qu'on appelait vulgo concepti ; ceux-ci, comme l'indique le nom même dont on se sert pour les désigner, sont ceux qu'on ne peut rattacher à un

_______________

(1) Les enfants émancipés et adoptés comptent à leur père naturel. A en croire Tacite (Ann. XV. 12) cette règle résulterait d'un sénatus-consulte rendu seulement sous Néron, et jusque-là l'adopté aurait compté à l'adoptant. D'après M. Accarias, Tacite aurait commis là une erreur ; et le sénatus-consulte dont il parle aurait été rendu pour rappeler à l'exécution de la loi, éludée dans la pratique.

père certain. Les premiers seulement procurent au père le jus liberorum. Ceci étant donné il nous semble facile de résoudre la question que nous avons posée pour le concubinat. L'affirmative n'est pas douteuse ; car les enfants nés du concubinat ne peuvent être considérés comme vulgo concepti, puisque leur paternité est certaine. En faveur de notre solution nous citerons le paragraphe 194 des fragmenta vaticana sur l'exemption de la tutelle et des fonctions de judex qui est ainsi conçu : « *Justi* autem an *injusti* sint filii « non requiritur ; multo minus in potestate necne « sint, cum etiam judicandi onere injustos filios « relevare Papinianus scribat. » Pour nous dans ce passage le mot justi désigne les enfants issus des justes noces, injusti les enfants issus du concubinat. Ainsi entendu le texte fournit un argument topique ; mais certains auteurs prétendent que tel n'est pas le sens qu'il faut attribuer à injusti.

D'après les uns les injusti sont les enfants issus d'un mariage contracté contrairement aux prohibitions des lois caducaires. Ils s'appuient sur un texte de Paul dans lequel le jurisconsulte s'exprime ainsi : « Sui heredes sunt hi : primo loco, filius filia in potes- « tate patris constituti, nec interest adoptivi sint, an « naturales, et secundum legem Juliam Papiam ve « quœsiti modo maneant in potestate. (1) » Ils le tra- duisent de la manière suivante : Sont héritiers siens le fils, la fille, peu importe qu'ils soient adoptifs, naturels, nés conformément aux prescriptions des lois Julia et Papia ; et ils concluent de là que les unions contrac-

(1) PAUL. *Sent.* IV. 8, § 4.

4

tées au mépris des lois caducaires produisaient tous les effets du justum matrimonium, moins les avantages accordés par ces lois aux conjoints et aux pères. Mais comment admettre qu'une union déclarée nulle par la loi produise un effet quelconque (1)? Les enfants nés de semblables unions sont des vulgo concepti, aux yeux de la loi ; ils n'ont pas de pater certus.

D'autres auteurs, interprétant ce même texte de Paul, disent que les injusti sont les enfants nés du mariage d'une femme d'au moins cinquante ans avec un homme de plus de soixante : on sait que le sénatus-consulte Calvitien refusait à ces sortes d'unions le bénéfice des lois caducaires. Nous aurions ici, comme tout à l'heure, à nous demander si ce mariage était valable, et nous devrions répondre négativement, car Justinien a fait une constitution tout exprès pour le déclarer licite (2); il était donc prohibé avant lui. S'il eût été valable, les enfants qui en seraient nés auraient été heredes sui. Or cela est formellement contredit par la constitution 12 de legit. hered. au Code VI, 58, dans laquelle Justinien décide qu'à l'avenir ces enfants seront heredes sui, ce qui prouve qu'ils ne l'étaient pas auparavant. Ce ne peut par conséquent pas être cette classe d'enfants qui d'après le texte de Paul seraient injusti, puisqu'ils sont en même temps heredes sui. Quelle a été la pensée du jurisconsulte? Pour la saisir, il faut faire attention que nec interest ne se rapporte qu'à adoptivi et à naturales. Dès lors le sens du fragment est celui-ci : Sont héritiers siens

(1) Il est en tout cas incontestable qu'à partir de Marc Aurèle la sanction fut la nullité.

(2) L. 27, de nupt., C., V., 4.

le fils, la fille même nés selon la loi Julia et Papia ;
peu importe qu'ils soient adoptifs ou naturels. Ces
enfants nés selon les lois Julia et Papia sont ceux issus
d'un mariage qui, prohibé par l'ancien droit civil, a
été rendu licite par les lois caducaires. Tel est le mariage entre ingénus et affranchis. Qu'on ne dise pas
qu'en traduisant ainsi on prête à Paul une naïveté ;
car, en principe, les seuls heredes sui étaient les enfants nés d'un mariage contracté conformément à la
loi des Douze-Tables. Il était donc important de faire
remarquer que désormais la même qualité appartien
drait à ceux qui naîtraient d'une union conforme aux
lois caducaires.

Contre notre opinion on invoque encore le paragraphe 168 des fragmenta Vaticana, et chose remarquable, nous allons voir que loin d'y contredire il ne
fait que la confirmer. Il s'exprime ainsi : « Divi quo-
« que Marcus et Lucius, Apronio Saturnino ita res-
« cripserunt : si instrumentis probas habere te justos
« tres liberos excusationem tuam Manilius Carbo
« prœtor, vir clarissimus accipiet. Sed justorum
« mentio ita accipienda est, uti secundum jus civile
« quœsiti sint. » Sur ce texte on raisonne de la manière suivante : Les seuls enfants qui procurent l'excuse de la tutelle sont les justi secundum jus civile ;
c'est-à-dire, et personne n'ose le contester, les enfants issus de justes noces. Sans doute, cela est vrai,
justi secundum jus civile désigne les enfants issus de
justes noces ; mais ce n'est pas l'expression que nous
trouvons dans le fragment ; l'auteur du paragraphe
168 dit quœsiti secundum jus civile. Si nous lisons
l'ensemble du texte nous trouvons l'explication de ce

terme. Marc Aurèle avait décidé que trois enfants justi procureraient à leur père l'excuse de la tutelle ; mais y avait entre les justi et les quœsiti secundum jus civile une différence que l'empereur avait oubliée, et la fin du texte a pour but de réparer cette omission ; nous y lisons que justorum mentio ita accipienda est, uti secundum jus civile quœsiti sint. Quels sont donc ces enfants quœsiti secundum jus civile, sinon les enfants nés du concubinat ?

A ce que nous venons de dire, on objecte que les lois caducaires ne font pas partie du jus civile et on cite à l'appui les paragraphes 2 et 3 de la *disputatio forensis* de manumissionibus restituée par M. Bœcking (1). L'argument qu'on peut en tirer ne nous paraît pas sérieux. Il repose sur deux textes fort incomplets et qui pris en eux-mêmes n'ont aucun sens. En comblant les lacunes M. Bœcking a exécuté sans doute, comme on l'a très bien dit, un chef-d'œuvre d'archéologie et de patience ; mais il n'a fait en somme que substituer son autorité à celle de Dosilhée de qui émanent les fragments.

Un autre argument qui pourrait être invoqué contre notre opinion, est tiré du passage suivant des

---

(1) Voici la traduction latine du texte, restitué par M. Bœcking. — Les mots en italiques sont ceux qui ont été ajoutés par lui. — Jus civile *aliud scriptum, aliud non scriptum* appellatur. *Illud autem* ex pluribus partibus constat. Sed constitutiones imperiales *legis vicem obtinent et* similiter honorantur. *Pars est etiam edictum prœtoris vel proconsulis, similiter honorandum. Auctoritatem habent etiam quœ a jurisconsultis constituta sunt,* ex eo enim *de quo jurisconsulti* consenserunt prudentiam constituerunt, et acceptum est responsorum *nomen, ita ut jurisconsulti interrogati ex responsis jus constituerent.* Et summatim solemus hæc dicere jus civile. Lex enim *dicitur prœcipue ut* Julia et Papia ; *sed ita et* cœtera, partes juris appellantur. — Pellat, *Manuale juris,* p. 907, n. 3, donne le

*Nuits attiques*, d'Aulu-Gelle (1). *Sicuti capite septimo legis Juliæ priori ex consulibus fasces sumendi potestas sit, non qui pluris annos natus est, sed qui pluris liberos quam collega aut in suâ potestate habet aut bello amisit.* Le raisonnement serait alors celui-ci : Pour jouir de la prérogative dont il est parlé au texte, et qui résulte du jus liberorum, il faut avoir des enfants en puissance, tel n'est pas le cas du concubin. La réponse est facile : dans le texte d'Aulu-Gelle, les mots *in potestate habet* sont opposés à ces autres *aut bello amisit*, et le sens est celui-ci: pour avoir droit à la prérogative il importe peu que les enfants soient vivants ou morts ; pourvu, dans ce dernier cas, qu'ils aient été tués à la guerre.

*Jus capiendi ex testamento.* — Nous l'avons vu et démontré plus haut, le concubinat créé par l'usage a été reconnu et sanctionné par les lois caducaires. C'était une union durable de laquelle naissaient des enfants ; il rentrait par conséquent dans celles à la réalisation desquelles ces lois voulaient encourager. Dès lors, pas de difficulté ; il faut admettre que les concubins ont le jus capiendi ex testamento. On peut voir dans ce sens la loi 16, § 1, de his quœ ut indignis auferuntur, D. XXXIX, 9, où Papinien déclare qu'on ne saurait refuser à la concubine l'action en réclamation de ce qui lui a été laissé par testament. Les concubins seront donc soumis pour le jus capiendi aux

texte original avec les lacunes. PILETTE propose aussi une restitution que nous n'adoptons pas, bien qu'elle soit favorable à notre opinion, parce que les restitutions faites dans les conditions où nous nous trouvons ne sauraient présenter aucun caractère de certitude.

(1) AULU-GELLE, *Nuits attiques,* II, 5.

mêmes règles que les époux unis en justes noces, et par conséquent ils ne jouiront de ce droit que pour moitié quand ils seront *orbi*. Par conséquent encore, il ne sera pas nécessaire que la concubine ait le jus liberorum, mais seulement qu'elle ait plus d'un enfant pour pouvoir user du jus capiendi ex testamento pour le tout (1).

*Jus caduca vindicandi.* — Ici encore nous croyons qu'il faut décider que les enfants issus du concubinat procuraient à leur père le jus caduca vindicandi. L'opinion contraire a été soutenue par Rudorff et par Machelard dans son traité de l'accroissement.

Machelard part de ce principe que les enfants naturels étaient seuls comptés à l'exclusion des enfants adoptifs pour procurer les præmia patrum; il en conclut à fortiori que les enfants nés du concubinat ne peuvent pas procurer ces præmia, puisqu'ils ne comptent pas dans la famille de leur père. Pour appuyer ce système, il cite cette phrase du paragraphe 195 des fragmenta Vaticana : *Ex filia nepotes non pro-* » *desse ad tutelæ liberationem, sicuti nec ad caducorum* » *vindicationem palam est.* » L'aïeul maternel n'a pas son petit-fils en puissance, voilà dit-il, pourquoi celui-ci ne peut lui être compté pour le libérer de l'obligation

______

(1) Cette proposition est contestée. Des auteurs prétendent que la concubine n'a le jus capiendi pour le tout que quand elle a eu même temps le jus liberorum. Mais alors ils rencontrent une difficulté sérieuse, c'est celle de fixer , quel est en vue de ce cas le nombre d'enfants nécessaire. Car le nombre des enfants varie suivant qu'il s'agit de telle ou telle faveur résultant du jus liberorum. Trois enfants suffisaient à une affranchie pour la libérer des tutelles atiliennes et fiduciaires ; il lui en fallait quatre pour se libérer de la tutelle légitime. (L. 16, § 1, de his quæ ut ind. D. XXXIV, 9, et LL. 135 et 141, de verb. sign., D., L. 16.)

d'être tuteur ; ou pour lui permettre de revendiquer les parts caduques.

A l'argument tiré de l'adoption, nous répondrons que si un sénatus-consulte est venu décider que les enfants adoptifs ne serviraient plus à l'adoptant pour éviter les déchéances prononcées par les lois caducaires, et profiter des faveurs qu'elles accordaient, c'est que le plus souvent l'adoption n'était que simulée (1). L'adoptant se hâtait, aussitôt acquis l'avantage qu'il avait en vue, de se débarrasser de son fils adoptif. En matière de concubinat, nous ne nous trouvons plus dans la même situation ; étant donné le caractère de perpétuité de cette union, qui faisait que pas plus que dans les justes noces le père ne désirait se débarrasser de ses enfants.

Quant à l'argument tiré du paragraphe 195 des fragmenta Vaticana, il serait sérieux si nous n'avions pas le paragraphe 194 que nous avons expliqué plus haut, qui décide que les enfants injusti, c'est-à-dire ceux nés du concubinat, procurent à leur père le bénéfice de l'excusatio tutelæ qu'on voudrait lui refuser en s'appuyant sur le paragraphe 195. Cette contradiction entre deux textes si rapprochés nous semble impossible. Reste alors à expliquer le paragraphe 195. A notre sens, si l'enfant né d'une fille ne peut compter à son aïeul maternel, ce n'est pas parce que celui-ci n'a pas sur lui la puissance, mais parce qu'il compte déjà à son aïeul paternel et qu'il ne peut faire double emploi. « C'est que l'un des traits les plus caractéris- « tiques de l'organisation de la famille romaine, c'est

(1) TACITE, *Annales*, XV, 19.

« que personne ne pouvait appartenir en même temps
« à deux familles différentes (1). »

Concluant sur cette longue et délicate question
nous dirons que le concubinat et les enfants qui en
étaient issus, de même que les justes noces et les
enfants qui en naissaient, faisaient échapper les concubins aux déchéances, et leur procuraient les avantages édictés par les lois caducaires (2).

*Condition de l'affranchie concubine de son patron.*

Il arrivait souvent qu'après avoir pris une de ses
esclaves pour concubine, le Romain l'affranchissait,
puis la gardait au même titre (3). La situation de
cette femme présentait des particularités que nous
allons brièvement signaler.

Le patron ne pouvait réclamer les operæ à l'affranchie sa concubine (4).

L'affranchie concubine de son patron lui devait la
même fidélité que si elle avait été son épouse. Si elle
le trompait, elle était poursuivie et punie pour
adultère (5).

Elle était assimilée à l'uxor quant à l'application
de la loi Julia de pudicitia.

Lorsqu'elle rompait malgré le patron le concubinat

(1) GIDE, loc. cit.

(2) Voyez en sens contraire GIDE, loc. cit. et GIRAUD, *Journal des savants,* mars 1880. Parlant de l'opinion que nous venons de soutenir, ce
dernier auteur reconnaît qu'elle est logique, mais il lui reproche de ne
s'appuyer sur aucun texte. Voyez en faveur de notre système PILETTE,
loc. cit.

(3) PLAUTE, *Epidicus,* acte III, scène IV, vers 33. Ego illam hodie volo
facere libertam meam, concubina quæ sit.

(4) L. 46, de op. libert., D. XXXVIII, 1.

(5) L. 13, pr. ad. leg. Jul. de adult., D. XLVIII, 5 Nous avons déjà
eu l'occasion de signaler ce fait plus haut.

qu'il avait formé avec elle, elle perdait le connubium et partant si elle venait à épouser un autre homme, ce mariage était frappé de nullité. Toutefois elle pouvait toujours former valablement un autre concubinat (1).

(1) L. 1, pr. de concub., D. XXV, 7. Toutefois ce texte par l'ensemble de ses termes, prouve que l'opinion d'Ulpien, auquel il appartient, n'était pas partagée par tout le monde. Le jurisconsulte y fait mention du système contraire, mais sans s'y arrêter.

# SECTION II

---

### Effets du concubinat à l'égard des enfants qui en sont issus.

Il est certain qu'à l'origine rien ne distinguait les enfants nés du concubinat, des bâtards nés d'une union passagère. Aux premiers comme aux seconds on appliquait les épithètes de *spurii* (1) et *vulgo concepti.*

Mais il est probable que peu à peu, peut-être même avant les lois caducaires, en tout cas certainement après elles, cette situation changea ; et que la ligne de démarcation entre ces deux catégories d'enfants s'affirma de plus en plus. Toutefois ce n'est que sous les empereurs chrétiens que nous voyons les enfants nés du concubinat désignés par un nom à eux propre. On les appelle φυσικὰ τέκνα, filii naturales (2).

(1) D'après Plutarque, questions Romaines, nᵒ 103, spurius viendrait de sine patre. — D'après Gaius ce mot viendrait de σποράδην, çà et là, la traduction exacte serait vulgo conceptus (comm. I, § 64 *in fine*). D'après Modestin, les mots vulgo conceptus et spurius ne seraient pas absolument synonymes. Le premier désignerait les enfants nés de père réellement inconnu. Le second les enfants dont le père n'est inconnu qu'en vertu d'une fiction légale (L. 23 de stat. hom., D. I; 5).

(2) Il est incontestable que l'expression φυσικὸς τέκνος est synonyme de filius naturalis. Cela résulte de la novelle 89 qui déniant aux enfants incestueux la qualité de filii naturales décide qu'ils ne pourront profiter du bénéfice de la légitimation.

Donc à une certaine époque de la législation romaine, époque qu'il nous est impossible de préciser,
l'enfant issu du concubinat fut considéré comme ayant
un père certus. La preuve de cette paternité ne pouvant s'obtenir comme celle de la maternité par la
constatation d'un fait matériel, nous sommes conduits
à nous demander comment on pouvait à Rome faire
la preuve de la paternité en dehors des justes noces.
Nous examinerons ensuite quelle était la position sociale de l'enfant né du concubinat, quels étaient ses
droits de famille ; nous verrons s'il lui était dû des
aliments, s'il avait des droits à la succession de ses
parents, et inversement si ceux-ci avaient des droits à
sa succession. Enfin nous traiterons de la légitimation.

Établissement de la filiation naturelle. — En
matière de justes noces la loi avait établi en faveur
de l'enfant une présomption juris et de jure formulée
dans cet adage : *Pater is est quem nuptiæ demonstrant.*
Contre cette présomption, pas de preuve contraire
admissible, sauf dans les cas spécialement prévus par
le législateur. Par exemple, si le père pouvait démontrer que pendant toute la période de la conception (1)
il avait été dans l'impossibilité physique de cohabiter
avec sa femme.

(1) L'époque de la conception se plaçait à Rome comme de nos jours
entre le 180e et le 300e jour en remontant à compter du jour de la naissance. L. 3, § 11 et 12, de suis et legit hered. D. XXXVIII, 16. Ulpien,
de qui est ce texte, parle de 182 jours parce qu'il compte le jour du mariage,
et celui de la naissance. — L'impossibilité physique de cohabitation
résultait de l'absence, de la maladie ou de l'impuissance. C'étaient là,
quoi qu'on en ait dit, les seules causes de désaveu. Les mots *vel alia causa*
de la loi 6 de his qui sui vel alie jur. sunt D. I, 7, sur lesquels s'appuient les partisans de l'opinion contraire, placés après infirmitate,
veulent désigner toute autre cause physique du genre infirmitas.

Cette présomption faite spécialement en vue des justes noces doit-elle être appliquée au concubinat? Nous n'hésiterons pas à répondre, bien qu'il n'y ait pas de texte, que l'application a eu lieu. Si en effet le concubinat, et nous l'avons démontré, est une union revêtue comme le mariage d'un caractère légal, pourquoi ne pas lui faire produire tous les effets que le droit naturel attache au mariage? Et en somme sur quoi était fondée la maxime pater is est quem nuptiæ demonstrant? Sur deux considérations, l'une accessoire, l'autre principale. La première c'est qu'on suppose que la femme ne manque pas à ses devoirs. Cette hypothèse est, nous le voulons, moins bien fondée quand il s'agit d'une concubine que quand il s'agit d'une uxor. Mais on nous concédera en retour qu'à elle seule elle n'eut pas suffi pour faire admettre notre règle, puisque dans le cas où la femme avait commis un adultère flagrant, cet adultère ne suffisait pas pour faire décider que l'enfant n'appartenait pas au mari. La seconde considération c'est que le mari est toujours supposé cohabiter avec sa femme. Celle-là est tout aussi puissante quand il s'agit de concubins que quand il s'agit d'époux. De plus elle est d'une grande importance, puisque si la présomption sur laquelle elle s'appuie vient à tomber, la présomption de paternité tombe aussi.

Il nous semble néanmoins que la présomption de paternité tirée du concubinat ne devait pas avoir absolument la même force que celle tirée des justes noces. Au lieu d'être une présomption juris et de jure, ce devait être une présomption juris tantum, contre laquelle tous les moyens de preuve possibles pouvaient être employés. Dans le fait de la conception pendant le concubinat, il y aura une présomption très grave de paternité et si à ce fait viennent s'en joindre d'autres, si le concubin traite aux yeux de tous l'enfant comme sien, celui-ci aura la possession d'état, la paternité sera certaine. Si plus tard, elle venait à être contestée, l'enfant jouera dans l'action le rôle de défendeur. Cependant si au moment de la contestation sur la paternité la possession d'état qui avait existé à l'origine avait cessé, l'enfant devrait faire la preuve de la conception dans le concubinat et de la possession d'état antérieure (1). Cette preuve pouvait être faite par tous moyens (2).

Quant à la preuve de la maternité aucune question ne pouvait être soulevée, car ainsi que nous l'avons dit déjà, l'accouchement est un fait certain, facile à constater (3).

CONDITION SOCIALE DE L'ENFANT ISSU DU CONCUBINAT. — Aux temps de l'Empire comme au temps de la République, l'enfant issu du concubinat n'était pas in potestate patris. Par conséquent il naissait libre, esclave, latin, pérégrin, suivant que sa mère était libre, esclave, latine ou pérégrine. Sa position se déterminait en principe d'après celle qu'avait sa mère au moment de l'accouchement. Toutefois, on avait décidé que pour qu'un nouveau-né naquît libre, il suffisait,

______

(1) Contre la théorie que nous venons d'exposer, voy. Gide, loc. cit. D'après lui la paternité du mari n'a jamais été à Rome, qu'une simple présomption de fait. La maxime pater is est etc., aurait eu pour but, non pas d'imposer au mari le titre de père, mais de le dénier à tout autre qu'à lui.

(2) L. 29 de prob. et presomp. D. XXII, 3.

(3) L. 5 de in jus. voc. D. II, 4.

dans le cas où il devait suivre la condition de la
mère, que celle-ci eût été libre à un moment quelconque de sa grossesse.

Les enfants issus du concubinat qui naissent libres,
n'ont dans la société, par suite de leur naissance,
aucune infériorité. Justinien dit expressément dans
une de ses novelles que l'enfant ne doit pas être puni
pour la faute de ses auteurs. Ils peuvent comme les
enfants nés de justes noces aspirer aux honneurs et aux
dignités (1). En cas de concurrence seulement, il est
recommandé de tenir compte de l'origine et de donner
la préférence à l'enfant légitime sur l'enfant naturel (2).

Droits de famille de l'enfant issu du concubinat.
— Tous les droits appartenant au père à raison de sa
puissance paternelle, ne pouvaient être exercés par
lui sur les enfants nés de son concubinat, puisqu'ils
n'étaient pas en sa puissance. Mais par contre, il
n'était pas tenu vis-à-vis de ces enfants des devoirs
qui lui incombaient du même chef. Le père naturel
n'avait pas le droit de vie et de mort sur son enfant.
Le droit de vente, le droit d'émancipation, le droit
sur les pécules ne pouvaient être exercés par lui.

D'un autre côté, la mère ne pouvant jamais avoir la
puissance paternelle, il fallait bien trouver quelqu'un
qui s'occupât des intérêts de l'enfant. Tout naturelle-
ment c'était un tuteur ; mais quel était ce tuteur ? Ce
ne pouvait être un tuteur testamentaire, puisqu'on ne
pouvait donner de tuteur testamentaire qu'à ceux

(1) L. 6, pr. de dec. D. L. 2.
(2) L. 3, § 2 de dec.

qu'on avait en puissance au moment de la confection
du testament (1). Il ne pouvait pas être question de
la tutelle des agnats, puisque l'enfant né du concubinat n'a pas d'agnats, rarement de la tutelle
légitime des patrons, il eut fallu que l'enfant fût
né esclave et postérieurement eût été affranchi.
Enfin nous ne pouvons pas non plus penser à la tutelle
judiciaire, puisque pour appliquer cette espèce de
tutelle il fallait que l'ascendant eût émancipé l'enfant,
ce qui ne pouvait jamais avoir lieu dans notre cas,
puisqu'il naissait sui juris. Reste la tutelle dative qui
était en effet la seule applicable aux enfants naturels.
Nous n'indiquerons pas ici les différents magistrats
qui aux diverses époques eurent le droit de nommer
les tuteurs, ni les formes employées pour arriver à
leur nomination, ni la façon dont ils devaient admi-
nistrer. Les règles sont les mêmes pour les enfants
naturels que pour les enfants légitimes ; et nous nous
contentons d'y renvoyer. Remarquons seulement
qu'il n'y avait pas d'obstacle à ce que le père naturel
fût donné comme tuteur à ses enfants.

A l'origine les femmes étaient incapables d'être
tutrices : cependant à une certaine époque nous
voyons ce fait se produire, et la mère exercer la tutelle
en vertu d'une autorisation spéciale du prince. Ce cas

(1) Avec le temps on se relâcha de cette rigueur. Ainsi nous voyons
dans un texte de Neratius, qui vivait à l'époque de Trajan, que la
mère qui instituait ses enfants héritiers d'une fortune pouvait par le
même testament leur nommer un tuteur (L. 2, de conf tut. XXVI, 3).
Cette nomination ne sortait son effet qu'autant qu'elle avait été confirmée par le magistrat après enquête. — Le père naturel put aussi nommer un tuteur testamentaire à ses enfants, à condition de les instituer
héritiers (L. 7, pr. de conf. tut.).

est celui où la femme avait perdu un certain nombre de ses enfants : pour la consoler on lui donnait la tutelle sur les autres. Cette faveur pouvait être accordée à la mère naturelle aussi bien qu'à la mère légitime, car vis-à-vis de la mère, il n'y a pas de distinction, tous les enfants sont sur la même ligne (1).

Droit aux aliments. — La question de l'obligation alimentaire avait été soulevée à Rome de très bonne heure. Marcellus, qui vivait un siècle environ avant Paul et Ulpien, s'en est occupé dans son commentaire sur les lois Julia et Papia ; et il l'a fait dans des termes tels qu'il est incontestable que la question des aliments avait été étudiée et résolue longtemps avant lui, déjà. L'obligation de fournir des aliments incombe d'après lui à l'aïeul paternel, et même à l'aïeul maternel lorsque le père est mort ou qu'il est misérable (2). La dette alimentaire du père à l'égard du fils était civilement obligatoire : et cette obligation était tellement forte que le père qui refusait des aliments à son fils était considéré comme son meurtrier (3). Ajoutons que l'obligation alimentaire était réciproque (4).

Doit-on appliquer ces règles dans la matière du concubinat ? Dans les rapports entre l'enfant et la mère ou la famille de celle-ci, l'affirmative n'est pas

---

(1) L. 2 quando nul. tut off. etc. C. V. 35. Voyez aussi la loi 3 ibid qui dit que quand le père n'a pas désigné de tuteur à ses enfants, la mère peut exercer la tutelle sur les enfants naturels, à l'exemple de ce qui se passe pour les enfants légitimes.

(2) L. 8, de agn. vel al. lib. D. XXV, 3.

(3) L. 4, de agn. vel al. lib.

(4) L. 5, § 4, de agn. vel al. lib.

douteuse, et nous avons en ce sens un texte formel (1). A l'égard du père la question est plus délicate. Des romanistes distingués, parmi eux Gide, ont soutenu que l'obligation alimentaire n'incombait pas au père naturel dans le droit ancien et dans le droit classique. Ils s'appuient sur un texte qui, énonçant les enfants auxquels des aliments sont dus par leur père, n'indique que les enfants en puissance et les enfants émancipés, « qui juste procreati sunt » (2). L'argument qu'ils en tirent est bien simple et a à peine besoin d'être énoncé. Le texte, disent-ils, ne fait mention que des enfants en puissance et des enfants émancipés ; les enfants naturels ne rentrent ni dans l'une ni dans l'autre de ces classes, donc ils n'ont pas droit à des aliments.

Nous ne suivons pas ce système, voici pour quelle raison. Dans la question qui nous occupe, la situation du fils naturel se rapproche de celle du fils émancipé. On ne peut dire que ce soit la qualité de justus filius qui donne au fils émancipé le droit à des aliments, puisque sans le secours du droit prétorien, par le fait de son émancipation, il perd tous les avantages attachés à la filiatio justa. Le fondement de son droit est dans cette considération que celui qui procrée un enfant doit le nourrir. L'enfant né du concubinat n'aura-t-il pas un droit reposant sur la même base ? (3)

(1) L. 5, § 4, de agn. vel. al. lib.

(2) L. 5, § 1, de agn. vel. al. lib. Dans le même sens le § 6 de la même loi dit que le père ne doit des aliments à sa fille que si elle est légitime : Si constiterit apud judicem juste eam procreatam.

(3) A cela Gide objecte que l'enfant émancipé a un père certus reconnu par la loi ; qu'il n'en est pas de même pour l'enfant naturel.

Sous Justinien, plus de difficulté; le père naturel doit des aliments à ses enfants; les fils en doivent à leur père naturel. Mais si le père est mort nous ne croyons pas que l'obligation pèse sur les ascendants paternels; car vis-à-vis d'eux la filiation n'est pas établie; la loi n'ayant jamais permis aux enfants naturels de prouver leur filiation qu'à l'encontre de leur père et de leur mère.

A la différence de ce qui avait lieu dans les justes noces, la concubine supportait l'obligation alimentaire concurremment avec le coucubin. Cela venait de ce que dans les justes noces la femme apportait une dot destinée à pourvoir en partie aux charges du mariage; tandis que nous avons vu qu'il n'y avait pas de dot dans le concubinat. Dans cette union, comme le mari ne touchait pas de revenus appartenant à la femme, il était juste que celle-ci supportât sa part dans cette obligation naturelle, commune.

L'action à intenter par l'enfant pour obtenir des aliments rentrait dans la catégorie de celles que l'on appelait *cognitiones extraordinariæ* (1). Si l'enfant était impubère, il y avait lieu à une action popularis.

Pour apprécier la quantité de la provision alimentaire à fournir le magistrat devait tenir compte à la fois, des besoins du créancier et des moyens du débiteur.

Nous avons démontré ailleurs que la paternité de l'enfant né du concubinat, pouvait être prouvée.

(1) Les contestations sur aliments étaient probablement de la compétence des consuls (DE KELLER. *Traité des actions*). Voyez cependant la loi 1, § 2, de off. præf. urbis. D. I. 12, qui attribue au præfectus urbis la connaissance des demandes de secours formées par le patron contre son affranchi.

Droit de succession (1). A. *Droit des enfants dans la succession du père.* Par suite du concubinat, aucun lien d'agnation ne s'est formé entre le père et les enfants, ils ne sont donc pas des heredes sui. Mais ils peuvent, nous le croyons, invoquer pour venir à la succession ab intestat les dispositions bienveillantes du droit prétorien. Nous n'allons pas jusqu'à dire, quoiqu'on l'ait soutenu (2), qu'ils pouvaient invoquer la bonorum posessio unde liberi, car elle ne pouvait appartenir qu'aux heredes sui et aux enfants émancipés qui sans cette émancipation auraient été sui heredes. Nous pensons seulement que rien ne s'opposait à ce qu'ils se prévalussent de la bonorum posessio unde cognati.

Constantin frappa d'une incapacité complète les enfants issus du concubinat. Le père ne pouvait plus rien leur attribuer, ni par donation ni par testament. La bonorum posessio unde cognati leur était même refusée à cette époque; car par ce moyen, on serait arrivé à un résultat défendu par les constitutions impériales.

C'est Justinien qui donna aux enfants issus du concubinat la qualité d'héritiers de leur père. Il réalisa en cela une innovation profonde; car la bonorum posessio que leur fournissait le droit prétorien pour arriver à la succession de leur père n'était en somme qu'un moyen détourné. Le droit successoral était réglé par la novelle XVIII, chapitre 5, de la manière suivante:

_________________

(1) Pour ne pas scinder la matière, nous avons renvoyé ici toutes les questions de successions tant des enfants au père et à la mère, que du père et de la mère aux enfants.

(2) De Fresquet. *Traité élémentaire de droit Romain.*

Si le père ne laisse ni uxor ni postérité légitime, les enfants nés du concubinat ont droit à un sixième de la succession. Ce sixième doit être partagé entre tous les enfants et la concubine si elle existe, de telle manière que la part de celle-ci égale celle de chacun de ses enfants. Si le père laisse soit une uxor, soit des enfants légitimes, les enfants naturels n'ont plus droit qu'à des aliments.

Le petit-enfant naturel, que son père fût naturel ou légitime, ne succédait jamais à son grand-père mort intestat. Toutefois par des dispositions testamentaires ou entre vifs, il pouvait recevoir autant qu'un enfant naturel au premier degré, si le de cujus laissait des enfants légitimes. S'il n'en laissait pas, on pouvait disposer en faveur du petit-enfant naturel comme en faveur d'un étranger.

C'est une question controversée que celle de savoir si les enfants naturels pouvaient attaquer le testament de leur père, comme inofficieux. Hotman et Pérèze la résolvent négativement (1). Les textes font défaut sur cette question, on peut en conclure qu'elle s'est rarement présentée. Cela s'explique d'ailleurs assez facilement par cette considération, que l'enfant naturel appelé seulement dans l'ordre des cognats, était le plus souvent primé par des agnats, et n'avait par conséquent aucun intérêt à faire tomber un testament dans lequel on aurait manqué envers lui de l'*officium pietatis*. A cause de l'absence de texte, et aussi à cause de cette raison que le père naturel n'est pas tenu envers ses enfants des devoirs d'affection qui

---

(1) Hotman. Disput. cap. III. Pérèze, ad. tit. de nat. lib. n° 5.

sont la base de la querela, nous adoptons l'opinion d'Hotman et de Pérèze (1).

(B) *Droits du père dans la succession des enfants.* — Dès que la bonorum posessio unde cognati fut créée, le père put venir à l'aide de ce moyen à la succession de ses enfants naturels (2). A partir de Justinien (3) le père eut droit ab intestat à un sixième de la succession de son enfant naturel, à la condition que celui-ci ne laissât ni femme ni enfants ; auquel cas le père n'avait plus droit qu'à des aliments. C'était en somme la réciproque du droit du fils naturel dans la succession de son père.

(C) *Succession réciproque de la mère et de ses enfants.* — Sous l'empire de la loi des Douze Tables les enfants, qu'ils soient nés des justes noces, du concubinat ou d'unions honteuses n'eurent jamais ab intestat aucun droit à la succession de leur mère.

Au moyen de la bonorum posessio unde cognati, du droit prétorien, l'hérédité de la mère put être dévolue à ses enfants même vulgo concepti ; et inversement par le même moyen la succession des enfants arriva à la mère. Mais primés par les agnats il était bien rare que la mère ou les enfants arrivassent en ordre utile ; la disposition de l'édit ne leur profitait donc guère.

Cet état de choses fut réformé par les sénatus-consultes Tertullien et Orphitien. Le premier donna à la femme la qualité d'héritière légitime de ses enfants, pourvu qu'elle en ait trois si elle était ingénue, quatre si elle était affranchie. Peu importait d'ailleurs

(1) Voyez contre cette solution, PILETTE, loc. cit.
(2) Arg. L. L. 2 et 4, unde cogn. D. XXXVIII, 8.
(3) Nov. LXXXIX, chap. 13.

qu'ils fussent légitimes ou non, le but du sénatus-consulte n'étant en somme que d'accorder une prime à la fécondité (1). Toutefois bien qu'appartenant à l'ordre des héritiers légitimes, elle était primée par les héritiers siens du défunt et par son père (2). — En vertu du sénatus-consulte Orphitien les enfants furent appelés à recueillir ab intestat l'héritage de leur mère, par préférence aux agnats, sans qu'il soit fait de distinction entre les enfants légitimes et les autres (3). Les enfants investis de droits héréditaires par le texte que nous venons de citer avaient la querela inofficiosi contre le testament de leur mère qui les avait injustement omis ou exhérédés (4).

Les rapports successoraux fondés sur la qualité de cognats existaient indubitablement entre les enfants nés du concubinat et leurs parents maternels, puisqu'à l'égard de la mère leur filiation est certaine. C'est pour la même raison que les enfants se succédaient entre eux (5).

Droit de recevoir des donations de leurs parents.— Avant Constantin et sous la réserve des différentes légitimes, le père naturel pouvait par donation entre vifs ou par testament disposer de tous ses biens en faveur des enfants nés de son concubinat. Nous avons signalé plus haut les rigoureuses dispositions de Constantin qui défendit que l'enfant naturel reçût aucun bien de son père par donation ou testament.

(1) Inst. III, 3, § 7, ad. sen. cons. Terlul.
(2) Inst. loc. cit., § 3.
(3) Inst. III, 4, § 3, ad. sen. cons. Orph.
(4) L. 5 de inoff. test. D. V. 2.
(5) L. L. 2 et 4, unde cogn. D. XXVIII, 8.

Mus par un sentiment d'humanité et de justice, les empereurs Gratien, Valens et Valentinien abrogèrent cette prohibition, et réglèrent ainsi qu'il suit la quotité dont le père pouvait disposer en faveur de son enfant naturel :

Le douzième de ses biens, s'il laissait des enfants légitimes ou des ascendants au premier degré.

Les trois douzièmes s'il laissait d'autres parents.

La totalité s'il ne laissait aucun parent légitime. Ces dispositions confirmées par Arcadius et Honorius sont reproduites dans une de leurs constitutions (1).

La législation sur ce point fut encore réformée par Justinien. Cet empereur décida que si le de cujus laissait une postérité légitime il pouvait léguer à ses enfants naturels non légitimés et à leur mère un douzième de sa fortune à partager entre eux. Si le défunt ne laissait pas de postérité légitime les enfants naturels et leur mère pouvaient comme les étrangers être institués pour le tout; sous réserve toutefois de la légitime des ascendants dans le cas où il y en aurait.

Quant à la mère, elle fut toujours habile à faire des donations à ses enfants.

DE LA LÉGITIMATION. — Nous en sommes arrivés à un effet du concubinat médiat, il est vrai, mais fort important, par rapport aux enfants qui en sont issus : la légitimation (2). On peut la définir, un acte civil qui met sous la puissance paternelle les liberi naturales. Elle a pour effet de don-

---

(1) L. 2 de nat. lib. C. V. 27.

(2) Les spurii et les vulgo concepti ne pouvaient être légitimés. C'est une différence avec notre législation qui étend le bénéfice de la légitimation à tous les enfants naturels reconnus.

ner aux enfants nés du concubinat les mêmes droits, de leur imposer les mêmes devoirs qu'aux enfants légitimes.

La légitimation fut imaginée par Constantin (1); mais seulement la légitimation par mariage subséquent. Les empereurs qui lui succédèrent, créèrent successivement la légitimation par oblation à la curie, la légitimation par rescrit du prince, et la légitimation par testament. A chacun de ces modes nous consacrerons un paragraphe spécial. Mais auparavant il nous paraît intéressant de rechercher, si alors que la légitimation n'existait pas, les enfants naturels ne pouvaient jamais tomber en puissance de leur père. Nous apercevons pour le père naturel trois moyens de parvenir à ce résultat.

Le premier moyen, c'est l'adrogation.

Le deuxième moyen, nous le trouvons dans la loi Ælia Sentia. Cette loi décidait que si l'affranchi, Latin Junien, parce qu'il avait été affranchi avant d'avoir atteint l'âge de trente ans, venait à épouser une citoyenne, et qu'il en ait un enfant âgé au moins d'un an (*anniculus*), il pourrait, au moyen d'une procédure particulière appelée *causæ probatio*, devenir citoyen; dès lors l'union se transformait en justes noces, et

(1) Les auteurs ne sont pas d'accord sur la cause qui aurait poussé Constantin à créer la légitimation. Les uns prétendent que, comprenant ce qu'aurait de maladroit l'abolition pure et simple du concubinat, Constantin voulut par là accorder une récompense à ceux qui lui préféreraient le mariage. Les autres, que Constantin a voulu remplacer par la légitimation, les déchéances des lois caducaires qu'il venait d'abolir. A notre avis ces deux explications n'en font qu'une seule que l'on peut formuler ainsi : La légitimation a été imaginée par Constantin pour exciter au mariage et détourner du concubinat.

l'enfant tombait sous sa puissance, il était considéré comme légitime (1).

Le troisième moyen nous est indiqué par Gaius au commentaire I, paragraphes 67 et suivants. Si un citoyen épouse une latine ou une pérégrine la croyant citoyenne romaine ; et inversément si une citoyenne romaine épouse un latin ou un pérégrin le croyant citoyen ; l'époux citoyen romain pourra prouver son erreur (*causam erroris probare*) ; et par l'effet de cette preuve son conjoint et ses enfants deviendront citoyens romains.

Arrivons maintenant à la légitimation proprement dite, telle qu'elle a été établie et réglementée par les empereurs romains.

*Légitimation par mariage subséquent.* — C'est Constantin, avons-nous dit, qui imagina cette forme de la légitimation. Mais comme son but était, en l'instituant, de faire disparaître le concubinat, il ne fit bénéficier de son institution que les enfants déjà nés, traitant comme des spurii ceux à naître. Il avait pensé qu'en présence de la situation faite aux enfants, tous ceux qui étaient actuellement en concubinat se hâteraient sans doute de contracter mariage. Mais l'événement ne justifia pas ses prévisions, car en 476 nous voyons l'empereur Zénon reproduire la constitution de Constantin (2). Toutefois, malgré la leçon qu'il aurait dû

(1) Gaius. Com. I., § 29.

(2) On peut affirmer, sans crainte d'être démenti, que Constantin n'accorda jamais le rescrit nécessaire pour parvenir à l'adrogation d'un enfant naturel. Car à quoi aurait servi la légitimation qu'il venait d'introduire, si on avait pu par l'adrogation arriver au même résultat sans contracter mariage. Toutefois l'adrogation ne fut définitivement supprimée que par Justin.

tirer de l'exemple, Zénon, pas plus que Constantin, ne permit de légitimer les enfants à naître ultérieurement du concubinat (1). Cette extension ne fut faite que par Anastase (2). La réglementation définitive de la légitimation par mariage subséquent est due à Justinien.

Les conditions imposées étaient les suivantes :

1° *Rédaction d'un iustrumentum dotale.* Cette condition est exigée afin de pouvoir prouver que c'est bien un mariage que les parties ont voulu contracter. Malgré l'autorité de Doneau, qui dit que la légitimation est le résultat non d'un écrit, mais du mariage qu'on pourra prouver par tous les moyens possibles, nous pensons avec Vinnius, et forts du texte de la constitution 10, au titre de naturalibus liberis C. V. 27, que la rédaction d'un instrumentum était une condition sine qua non de la légitimation (3).

2° *Possibilité du mariage entre les concubins.* A quel moment la possibilité du mariage doit-elle exister ? voilà la difficulté. Est-ce au moment de la conception ? Est-ce au moment de la naissance ? Est-ce à l'un et à l'autre de ces deux moments ? Sarmient et Pérèze soutiennent le premier système. Argumentant de la loi 11 de naturalibus liberis, Fachineus prétend que le temps qu'il fallait considérer est celui de la naissance.

Nous adopterons une opinion intermédiaire. Le moment auquel on devait se placer pour apprécier la

(1) L. 5 de nat. lib. C. V. 27.

(2) L. 6. de nat. lib. — Suivant quelques auteurs ce serait par Justinien. Ils s'appuient sur la præfatio de la novelle LXXXIX. Cette controverse n'a du reste qu'un intérêt purement historique.

(3) Voyez aussi nov. XII. Chap. IV.

possibilité du mariage, était tantôt celui de la conception, tantôt celui de la naissance, suivant que l'intérêt
de l'enfant l'exigeait « *et hoc favore facimus liberorum*
« *ut editionis tempus statuamus esse inspectandum : excep-*
« *tis his tantum modo casibus in quibus conceptionem magis*
« *approbari, infantium conditionis utilitas expostu-*
« *lat* (1). Appliquant cette solution au cas où un
gouverneur de province a pris une concubine dans sa
province, nous dirons que l'enfant pouvait être légitimé s'il naissait moins de cent quatre-vingts jours après
la cessation des fonctions de son père ; qu'il pouvait
l'être également s'il naissait dans les dix mois de
l'entrée en fonctions.

La nécessité de la possibilité du mariage soit au
moment de la conception, soit au moment de la naissance, nous permettra de résoudre une autre question
qu'on peut formuler ainsi : L'enfant légitimé devait-il
être considéré comme légitime dès l'instant de sa
naissance, ou seulement du jour de la légitimation ?
en d'autres termes : la légitimation accomplie avait-
elle un effet rétroactif au jour de la naissance ? Un
exemple montrera l'intérêt de cette question. Un
homme prend pour concubine une femme qu'il aurait
pu épouser, il en a un enfant ; puis il se marie avec
une autre femme et de ce mariage naît un enfant.
L'uxor meurt, il épouse en secondes noces sa concubine, il remplit toutes les formalités voulues, et l'enfant né du concubinat est légitimé, puisque nous avons
supposé que le mariage était possible. Cet homme en
mourant laisse un testament dans lequel il fait un legs

(1). L. 11. de nat. lib. C. V. 27.

à son fils légitime aîné. Le bénéfice de la disposition arrivera-t-il à l'enfant légitime ou à l'enfant légitimé ?

Bachovius prétend que la légitimation n'opère qu'à sa date, et partant que le legs devra être attribué au fils de la première uxor. Voët au contraire soutient, et nous le croyons avec lui, que le legs doit appartenir au fils de la concubine ; pourquoi en effet exiger le connubium entre les concubins soit lors de la conception, soit lors de la naissance de l'enfant, si ce n'est pas pour qu'à partir de ce moment l'enfant une fois la légitimation réalisée puisse être considéré comme né en justes noces.

Pour terminer sur cette condition, il nous reste à signaler une exception introduite par Justinien. Il permit au maître qui avait eu des enfants de son esclave, de légitimer ces enfants en épousant l'esclave affranchie, à la condition qu'il n'ait pas auparavant d'enfants légitimes.

*3° Consentement des enfants naturels.* — Le consentement était nécessaire, parce qu'il était de principe qu'une personne sui juris ne pouvait malgré elle tomber en puissance. Toutefois il suffisait que l'enfant ne s'opposât pas à la chose, ce qui rendait possible la légitimation des enfants qui, à cause de leur âge, ne pouvaient exprimer leur consentement (1).

*4° Inexistence d'enfants légitimes.* — On ne voulait pas que l'intrusion d'enfants légitimés dans la famille vînt y jeter le trouble et priver les enfants légitimes

---

(1) Nous adoptons cette solution, bien que le texte de la novelle LXXXIX semble exiger un consentement formellement exprimé. Notre système trouve sa justification dans les textes qui admettent la légitimation au profit des enfants même simplement conçus.

des droits successoraux sur lesquels ils pouvaient compter. Cette condition fut supprimée par Justinien (1).

Il semble incontestable que les enfants nés du mariage avec la concubine étaient légitimes. Comment alors expliquer ce texte où Justinien prend soin de le dire expressément : « *Quod et aliis aliberis qui ex* « *eodem matrimonio fuerint procreati similiter nostra* « *constitutio præbuit* » (2). Justinien a voulu dire que sa constitution profite aussi aux enfants nés après le mariage ; parce que si le mariage n'avait pas eu pour effet de légitimer les enfants antérieurs, il est probable que le père serait resté en concubinat : les enfants postérieurs auraient donc été naturels comme les autres (3).

Les commentateurs ont proposé d'autres explications que nous repoussons parce que pour les établir ils sont obligés de changer quelque chose au texte. Ainsi Cujas propose de lire *quod et si alii liberi ex codem matrimonio*........ Justinien aurait voulu repousser une doctrine d'après laquelle, si des enfants légitimes venaient à naître du mariage, les enfants naturels ne seraient plus légitimés.

Hotman : *quod et si nulli alii liberi.* Justinien aurait voulu repousser la doctrine inverse de celle que suppose Cujas. D'après cette doctrine les enfants naturels n'auraient été légitimés par mariage subséquent qu'autant que de ce mariage seraient nés des enfants légitimes. Car on aurait pu croire que le

(1) L. 5 de nat. lib. C. V. 27.
(2) Cette version est celle qu'on trouve dans presque tous les manuscrits.
(3) Voyez aussi Inst, de hered. quæ ab int. def. III. 1, § 2.

mariage ne légitimerait les liberi naturales qu'autant qu'il s'agirait d'empêcher que des enfants nés du même père et de la même mère se trouvent vis-à-vis de leur parents dans une situation différente.

Enfin Ducaurroy, sans faire il est vrai aucune correction, soutient que le texte se réfère aux enfants conçus avant et nés après le mariage. Les termes de la constitution ne peuvent autoriser une pareille interprétation.

Cette controverse ne présente au surplus qu'un médiocre intérêt, puisque toutes les opinions reposent sur des idées vraies, et conduisent à des solutions que personne ne conteste.

Les conditions que nous venons d'énumérer, une fois remplies, l'enfant entrait dans la famille de son père, était soumis à sa puissance, et d'une manière générale jouissait de tous les droits des enfants légitimes.

Avant de passer aux autres modes de légitimation il nous reste encore une question à résoudre. Un homme a eu un fils naturel, celui-ci s'est marié en justes noces et a eu un enfant ; le grand-père pouvait-il en épousant sa concubine, légitimer son petit-enfant, et par là acquérir sur lui la puissance paternelle ?

La négative est soutenue par Bachovius et Vinnius. Ils disent que les textes ne parlent que des liberi et pas des petits-enfants. Que la légitimation par mariage subséquent a été imaginée pour pousser les citoyens au mariage. Le grand-père aurait dû épouser sa concubine pour légitimer son fils, à quel titre pourrait-il implorer la faveur du législateur ?

Avec Voët nous adopterons l'affirmative ; nous nous fondons sur les arguments suivants :

Dans le cas qui nous occupe, la légitimation du petit-enfant sera la cause du mariage avec la concubine. Le but que le législateur s'était proposé en instituant la légitimation sera donc atteint.

Les lois ne fixaient pas de délai dans lequel la légitimation devait avoir lieu.

Les textes ne parlent, il est vrai, que des liberi ; mais liberi était un terme général qui comprenait bien souvent les enfants et les petits-enfants (1).

Enfin comment concilier la solution contraire avec l'intérêt que Justinien a toujours montré pour les enfants naturels dont il s'est efforcé par tous les moyens possibles d'améliorer le sort ? Comment comprendre que l'enfant légitime pâtisse d'une négligence dont ses aïeux se sont rendus coupables ?

*Légitimation par oblation à la curie.* — Ce mode de légitimation offre cette particularité qu'il n'a jamais d'effet qu'entre le père naturel et l'enfant. Le père acquiert, il est vrai, la puissance paternelle sur son fils naturel, mais celui-ci n'entre pas dans la famille paternelle.

La légitimation par oblation à la curie fut créée en 442 par les empereurs Théodose II et Valentinien III dans un but purement fiscal, ainsi qu'il est facile de s'en convaincre en jetant un rapide coup d'œil sur l'histoire du décurionat.

La curie était le sénat des villes municipales. L'ordre des décurions formait une véritable noblesse : dans

______

(1) L. 220, de verb. sigu. D. L. 16.

beaucoup de textes nous voyons le nom de décurion opposé à celui de plébéien (1). Mais l'attribution du droit de cité à tous les habitants de l'Empire, d'une part, et surtout les charges qui pesaient sur les décurions, d'autre part, firent que l'on chercha par tous les moyens à se dérober à cet honneur, jusque-là fort envié. Les décurions offraient à leurs frais des jeux au peuple; ils devaient payer les impôts qu'ils ne pouvaient faire rentrer, et l'excédent du passif du budget. A leur décès, si leur fils n'était pas décurion la curie prenait un quart de leur succession ; elle prenait la totalité s'ils ne laissaient pas d'héritiers (2). Il leur fallait une autorisation spéciale pour vendre leurs immeubles; Justinien leur interdit même de faire des donations, si ce n'est à leurs enfants (3). C'était sur eux seuls qu'était levé l'impôt extraordinaire nommé *aurum coronarium* que l'empereur percevait à l'occasion de chaque événement heureux.

On comprend facilement que tous fuyaient une semblable dignité. Les décurions allèrent se cacher à la campagne; on les en arracha et on leur défendit de sortir de la ville (4). Ils allèrent s'enfermer dans les monastères, on les en fit sortir et on les dépouilla de leurs biens.

Malgré ces moyens énergiques, on pourrait presque dire violents, on ne pouvait arriver à recruter les décurions. Constantin supprimant le droit qu'avait eu

(1) L. L. 2, § 2, 3, 6 et 7, § 2, de dec. D. I, 2.
(2) L. 4, de hered. dec. C. VI, 62 et L. L. 1 et 2. Quand. et quib. quart. pars. C. X. 31.
(3) Nov. LXXXVII, chap. 1.
(4) L. 51, de dec. C. X, 31. L. un. si cur. relict. civ. C. X, 37.

jusque-là la curie de choisir les décurions, ouvrit l'accès de la charge à tous ceux qui auraient vingt-cinq arpents de terre. Théodose II et Valentinien III imaginèrent la légitimation par oblation à la curie (1).

A cette époque, l'oblation à la curie n'était pas à proprement parler un mode de légitimation, mais seulement un moyen de laisser à son enfant naturel toute sa fortune par donation ou par testament. Une constitution de Léon et Anthemius accorda plus tard le droit de succession ab intestat. Les règles définitives furent posées par Justinien.

Trois conditions étaient nécessaires pour cette légitimation :

1° L'enfant devait être né d'un concubinat. Était permise toutefois la légitimation d'un enfant que le maître aurait eu avec son esclave.

2° L'enfant devait consentir. Le consentement une fois donné était irrévocable.

3° Il fallait avoir vingt-cinq arpents de terre (2).

Nous avons déjà dit que cette légitimation n'avait d'effet qu'entre le père et l'enfant naturel. Celui-ci recueillait ab intestat dans la succession de son père les trois quarts des biens s'il n'était pas en concours avec des enfants légitimes. S'il existait des enfants

______

(1) L. 3, de nat. lib. C. V. 27.

(2) Avant Justinien il y avait une quatrième condition. Il fallait que le père n'ait pas d'enfants légitimes, à cause de la diminution notable que devait subir sa fortune par suite de la donation des vingt-cinq arpents de terre. Justinien supprima cette condition, il permit en outre à tout ascendant d'user de ce mode de légitimation. Plus tard il alla encore plus loin, et décida que les enfants naturels pourraient après la mort de leur père s'offrir eux-mêmes à la curie.

légitimes et que des dispositions testamentaires aient
été faites en leur faveur, il ne pouvait prétendre qu'à
une part d'enfant, le moins prenant.

Cette légitimation s'appliquait également aux filles.
Il fallait les marier avec un décurion auquel on donnait vingt-cinq arpents de terre.

*Légitimation par rescrit du prince.* — Il pouvait arriver que la concubine fût d'une condition tellement
vile qu'on ne pouvait l'épouser ; ou qu'elle fût morte ;
ou bien encore que le père n'eut pas vingt-cinq arpents à donner à son fils. Dans ce cas, jusqu'à Justin,
pour acquérir la puissance paternelle sur son enfant,
on pouvait user de l'adrogation. Justin en la supprimant enleva cette ressource (1). Une telle situation ne
pouvait se prolonger ; Justinien y porta remède par la
légitimation par rescrit du prince.

Cette institution n'était pas sans précédents. On
avait déjà vu l'empereur accorder, par une faveur
spéciale, l'entrée de la famille aux enfants naturels (2) ; Justinien ne fit donc que généraliser cette
décision. Il en fit un mode légal de légitimation sous
les conditions suivantes : il fallait que l'enfant soit
issu du concubinat, qu'il consente à être légitimé,
et que le père n'ait pas d'enfants légitimes (3). Voët
pense que la légitimation était possible même quand
le père avait des enfants légitimes ; mais que les
légitimés ne pouvaient prétendre à aucun droit successoral au préjudice des légitimes. Cette opinion est
inadmissible en présence des termes formels de la

(1) L. 7, de nat. lib. C. V. 27.
(2) L. 57, § 1, de rit. nupt. D. XXIII, 2.
(3) Nov. LXXXIX, chap. 15, 11 et 9.

novelle ; « *Si quis ergo filios legitimos non habens, sed tantum modo naturales.* »

Les effets de ce mode de légitimation étaient aussi complets que ceux de la légitimation par mariage subséquent.

*Légitimation par testament.* — Lorsque le père n'avait pas de son vivant légitimé ses enfants naturels, il pouvait dans son testament exprimer l'intention de le faire. A l'aide de cet acte, les enfants sollicitaient et obtenaient de l'empereur un rescrit qui les faisait enfants légitimes.

Mais était-ce bien là un mode de légitimation spécial? Des commentateurs l'ont soutenu, et de fait, cela semble résulter de l'intitulé et des termes de la novelle LXXIV, chapitre 2. Cependant nous ne suivrons pas cette opinion ; nous pensons que ce mode n'était qu'une variété du précédent, puisque pour arriver au résultat qu'on se proposait, le testament devait être sanctionné par un rescrit du prince.

L'effet de cette légitimation n'était pas évidemment de faire tomber l'enfant en puissance de son père, puisque celui-ci était mort, mais de permettre au fils d'entrer dans la famille paternelle et de venir à la succession.

La légitimation par testament était une faveur accordée à ceux que la mort surprenait avant d'avoir pu remplir les formalités exigées pour un autre mode. Dès lors se pose cette question : Si le père vivait assez longtemps pour obtenir le rescrit, et qu'il n'ait pas cherché à le faire, la légitimation devait-elle tomber? L'affirmative nous paraît incontestable.

L'idée de Justinien en admettant la légitimation

par testament, était de permettre à un père atteint subitement d'une grave maladie, d'assurer pour l'avenir le sort de ses enfants naturels ; les novelles LXXIV et LXXXIX le prouvent surabondamment. Les deux textes veulent qu'il y ait des circonstances fortuites. Si donc la maladie durait assez de temps pour que le père puisse obtenir un rescrit, il était en faute de ne pas le demander et ne méritait pas une faveur quelconque. En admettant la négative on fait au père naturel une situation trop favorable. Voilà un homme qui ne s'est jamais occupé de ses enfants naturels de son vivant, qui n'a supporté aucune charge de leur éducation, et au moment de sa mort, alors qu'il ne lui en coûte plus rien, il pourrait les légitimer ! Cela est absolument inadmissible.

La légitimation par testament n'est en définitive qu'un ultimum subsidium accordé par Justinien. On ne peut plus s'en servir dès qu'on a la possibilité de recourir à un autre mode.

# DROIT FRANÇAIS

---

# DES ENFANTS ASSISTÉS

> L'assistance à donner aux enfants auxquels les secours publics sont nécessaires est sans doute un des plus impérieux devoirs d'un État. C'est aussi celui dont il peut se promettre plus d'avantages.
>
> *Extrait du 4° rapport du comité de mendicité (1790-1791).*

# BIBLIOGRAPHIE


## OUVRAGES FRANÇAIS

AUBRY et RAU. — Cours de droit civil français.

Docteur BROCHARD. — La vérité sur les enfants trouvés, 1876.

De BONDY. — Mémoire sur les enfants trouvés.

De FONTPERTUIS. — L'assistance aux enfants naturels, le tour, l'hospice et le secours aux filles-mères, 1878.

FAYARD. — Histoire administrative de l'œuvre des enfants trouvés, abandonnés et orphelins de Lyon, 1873.

FAYARD. — Modifications apportées par la loi du 5 mai 1869, dans le service des enfants trouvés du département du Rhône, 1871.

D'HAUSSONVILLE. — L'enfance à Paris, 1879.

LACROIX. — Du rétablissement des tours. Lettres pour servir à l'étude de cette question, 1879.

LEFORT. — De la mortalité des nouveau-nés dans les centres industriels et des moyens de la diminuer.

LEFORT. — La mortalité des nouveau-nés en France et à l'étranger, 1878.

De LAMARQUE. — Traité élémentaire des établissements de bienfaisance.

LECOUR. — La charité à Paris.

LAURENT. — L'état actuel de la question des enfants assistés, à propos de la récente loi sur la protection des enfants du premier âge, 1876.

F. PASSY. — Discours sur le rétablissement des tours prononcé au Conseil général de Seine-et-Oise, à la séance du 28 avril 1879.

PALLU. — La vérité sur les tours, 1879.

Docteur L. PÉNARD. — Du rétablissement des tours, 1879.

REMACLE. — Des hospices d'enfants trouvés en Europe.

ROCHE et DURIEU. — Répertoire des établissements de bienfaisance.

SEMICHON. — Histoire des enfants abandonnés depuis l'antiquité jusqu'à nos jours. — Le tour, 1880.

TERME et MONTFALCON. — Histoire des enfants trouvés.

DE TOURDONNET. — De l'éducation des enfants assistés par la charité publique.

LABOURT. — Recherches historiques et statistiques sur les enfants trouvés.

Rapport de l'enquête de 1849.

Rapport de l'enquête de 1860.


---

## OUVRAGES ÉTRANGERS


BLUNTSCHLI. — Droit international codifié.

BROCHER. — Nouveau traité de droit international privé.

FIORE. — Droit international privé.

LAURENT. — Principes de droit civil français.

POOR LAWS IN FOREIGN COUNTRIES. — Reports communicated to the local governement board. Londres, 1875.

ROCHOLL. — Ueber die Reform der Armenvesens. Breslau, 1880.

STEINER. — Zur Reform der Armenpflege in Œsterreich. Vienne, 1880.

## PÉRIODIQUES

Bulletin officiel du ministère de l'intérieur.

Annuaire statistique de la France.

Moniteur universel.

Journal officiel.

Journal des économistes.

Revue d'administration.

Revue scientifique.

Recueil de jurisprudence de Sirey.

Rapports de MM. les inspecteurs départementaux de la Nièvre, Meurthe-et-Moselle, Vosges.

L'Économiste français.

Revue politique et littéraire.

Revue des Deux-Mondes.

---

Il y a toujours eu, et il y aura toujours des enfants abandonnés par leurs parents. C'est une plaie sociale qu'il est impossible de faire disparaître, on ne peut qu'essayer de l'amoindrir et d'en diminuer les pernicieux effets.

Il serait peut-être inexact de dire que cette question des enfants trouvés, ou pour parler le langage d'aujourd'hui, des enfants assistés, est de tous les problèmes d'économie sociale, celui qui est maintenant le plus à l'ordre du jour. Mais ce qui est vrai du moins c'est que, depuis de fort nombreuses années déjà, il a presque continuellement préoccupé le législateur et l'opinion publique.

C'est qu'il n'est guère de question plus embarrassante et plus controversée que celle de l'amélioration du sort de ces pauvres enfants qui chaque jour, pour une cause ou pour une autre, tombent à la charge de la charité publique. Il n'en est pas qui ait donné lieu à des récriminations plus vives, à une plus ardente polémique tant à la tribune de nos assemblées que dans la presse. Il n'en est pas qui soit demeurée plus indécise, et cependant il n'en est peut-être pas

qui ait plus besoin de fixité. A quoi attribuer une
une telle anomalie? La raison en est selon nous dans
la situation même des enfants abandonnés, situation
fatalement exceptionnelle, parce qu'ils constituent, par
le fait même de leur abandon, « une dérogation violente
à la loi naturelle » (1).

On est profondément touché par le tableau lugubre
du sort qui attendait les enfants trouvés à l'époque où
saint Vincent de Paul vint exciter à leur profit la pitié
des âmes charitables. On est profondément ému à la
lecture du livre de M. le docteur Brochard, « la vérité
sur les tours », quand on voit que, naguère encore, il y
avait en France des départements où la mortalité des
enfants assistés s'élevait à 80 p. %. Mais d'autre part
quand on consulte la statistique du nombre des enfants
assistés on est non moins vivement frappé de l'exactitude avec laquelle s'est accomplie la prédiction de
Necker qui disait en 1784 que le nombre des enfants
assistés tendait sans cesse à augmenter et qu'il finirait
par embarrasser le gouvernement.

Nous venons d'indiquer là les deux écueils entre
lesquels il faut marcher sans toucher ni sur l'un ni
l'autre. On doit se garder des admissions trop faciles,
parce que, sans parler des difficultés budgétaires
qu'elles créent, elles sont un encouragement à la débauche et à l'immoralité ; parce qu'en outre elles habi-
tuent les parents à se détacher de leurs enfants et à
rompre le lien de la famile. Mais la société ne peut
pas non plus se désintéresser des enfants abandonnés
et des pauvres orphelins. Son intérêt bien entendu lui

(1) De Tourdonnet.

défend de le faire. Il y va de sa conservation, d'abord de prendre toutes les mesures nécessaires pour qu'ils vivent (1), et une fois cela fait de les élever de façon à ce qu'ils puissent lui être utiles.

Le problème des enfants assistés est, on le voit, fort complexe, on peut le diviser en quatre questions principales.

En premier lieu. La question de l'admission, qui comprend la fixation des conditions dans lesquelles doivent se trouver les enfants pour pouvoir être secourus; la détermination des meilleurs modes d'admission.

En second lieu. La question de l'éducation matérielle; c'est-à-dire l'ensemble des mesures conservatoires de la vie de l'enfant. La surveillance à laquelle doivent être soumis ceux qui ont à soigner des enfants assistés.

En troisième lieu. La question de l'éducation morale ou de l'éducation proprement dite.

Enfin en quatrième lieu. La question financière; c'est-à-dire le point de savoir quelles sont les dépenses des enfants assistés; à la charge de quel budget elles tombent, et dans le cas où plusieurs doivent y contribuer, dans quelle proportion chacun d'eux doit le faire.

Nous avons laissé de côté dans notre étude la question de l'éducation morale. Nous avons craint qu'elle

(1) La véritable cause du peu d'accroissement de la population en France — on aurait pu dire plus exactement de la diminution de la population — est l'épouvantable mortalité qui frappe les enfants nouveau-nés, et principalement les enfants trouvés. — Discours du baron Jérôme David au Corps législatif, 19 décembre 1867.

ne nous entraîne trop loin et nous oblige à dépasser le cadre ordinaire d'une thèse.

Notre but est d'indiquer ici l'état de la législation sur les trois autres questions. Nous ferons précéder notre travail d'une introduction historique contenant un rapide aperçu de la situation des enfants assistés sous l'ancien régime et pendant la Révolution; et nous terminerons en donnant les renseignements que nous avons pu recueillir sur l'assistance aux enfants dans les différents pays de l'Europe.

Notre plan sera le suivant :

Introduction historique.

Chapitre I.   Classification et condition des enfants assistés.

Chapitre II.   Admission des enfants assistés et modes d'assistance.

Chapitre III.   Placement des enfants assistés en nourrice, en sevrage ou en garde. Des nourrices sevreuses et gardeuses.

Chapitre IV.   Tutelle et surveillance des enfants assistés.

Chapitre V.   Régime financier des enfants assistés.

Appendice.   De la recherche de la paternité.

Conclusion.

De l'assistance aux enfants dans les différents pays de l'Europe.

# INTRODUCTION HISTORIQUE

Nous traiterons successivement dans quatre paragraphes de l'assistance aux enfants :

I. Pendant la féodalité. Jusqu'au 12ᵉ siècle environ.

II. Pendant la décadence de la féodalité. Du 13ᵉ au 16ᵉ siècle.

III. Pendant le 17ᵉ et le 18ᵉ siècle.

IV. Pendant la Révolution.

I. — Sous la féodalité, il n'y avait pas d'institutions de charité publique destinées aux enfants trouvés ; et c'est là sans doute ce qui a conduit certains auteurs à dire qu'à cette époque leur sort était pitoyable. C'est un point sur lequel il s'agit de s'entendre. Les enfants trouvés n'avaient pas une condition plus misérable que les enfants des serfs, car ils devenaient serfs de celui sur le territoire duquel ils avaient été exposés. Abandonnés à l'Église, c'était la généralité des cas, ils étaient serfs ecclésiastiques ; abandonnés sur les domaines du roi, ils étaient serfs fiscalins ; abandonnés sur les terres d'un seigneur quelconque, ils étaient serfs de ce seigneur (1).

---

(1) Leur condition dans ces différents cas n'était pas égale. Les serfs ecclésiastiques et les serfs fiscalins jouissaient de certains privilèges qui

Plus qu'à toute autre époque peut-être, pendant la période féodale, on a eu souci de la conservation de la vie des enfants trouvés. La raison en est facile à découvrir. En ce temps-là, il n'y avait ni industrie ni commerce, tous les revenus venaient de la culture des terres. Le travail des champs ne se faisait qu'à force de bras, les instruments étant alors peu perfectionnés. De là, il résultait que plus un tenancier avait de serfs, plus il pouvait cultiver de terres, et par conséquent plus il se procurait de revenus. On comprend ainsi tout l'intérêt qu'avaient les seigneurs à conserver l'existence de ces enfants qui, à une époque donnée, pouvaient leur produire un surcroît de bien-être.

La charité privée toutefois avait déjà édifié et doté des asiles pour les enfants trouvés. Ainsi en 787, Datheus, archiprêtre de l'église de Milan, fonda un *brephotrophium* (1) pour les petits enfants exposés à l'église. Un employé spécialement chargé de cette mission les portait à la maison, où on les confiait à des nourrices. Ils restaient là jusqu'à l'âge de sept ans, après quoi dégagés de tout lien de servitude ils étaient libres d'aller où ils voulaient (2).

n'étaient pas accordés aux autres. Ainsi ils avaient le droit de posséder des biens en propre ; les compositions qui protégeaient leurs personnes étaient trois fois plus fortes que les compositions pour les serfs proprement dits, et formaient la moitié de la composition d'un homme libre. Voyez au surplus : LAFERRIÈRE, *Histoire du droit français*. T. 3, p. 387 et 388.

(1) DUCANGE, *Sous les lois 16 et 18,* de sacros, eccl. C. : Brephotrophium œdes in quâ infantes recentesque partus expositi, aut egentibus parentibus nati, alebantur.

(2) Voyez J. DESNOYERS, *Bulletin de la langue philosophique* ; et Semichon qui donne une partie du texte de la Fundatio seu dotatio brephotrophii S. Salvotoris facta a Datheo, archipresbytero Mediolanensis Ecclesiæ, anno 787.

Au dixième siècle fut créé l'ordre du Saint-Esprit dont les membres se consacraient spécialement au soin des enfants trouvés et des pauvres. C'est à eux que fut confié l'hospice d'enfants trouvés fondé à Montpellier, au onzième ou au douzième siècle (1). Les femmes pauvres arrivées à un état de grossesse avancée étaient admises gratuitement à cet hospice ; des berceaux et des layettes étaient préparés pour les nouveau-nés. A leur sortie, les mères pouvaient à leur choix, emmener leurs enfants ou les laisser à l'hôpital ; dans ce dernier cas, il était pourvu sur les revenus de l'hospice à leur entretien et à leur éducation jusqu'à l'adolescence.

II. — Pendant cette période, la royauté voulant briser le cercle qui l'enserrait, favorisa contre les seigneurs l'émancipation des grandes villes d'abord, et plus tard des campagnes. « Le seigneur en perdant » ses droits, dit de Tourdonnet, commença peu à peu » à se relâcher des obligations qui pesaient sur lui. » Le premier effet de la liberté fut l'isolement, l'iso- » lement produisit la misère ; et la misère sans contre- » poids, en affaiblissant le sentiment moral, amena » les abandons qui ne se trouvèrent plus alors con- » trariés par l'intérêt des seigneurs dégagés de toute » solidarité. »

Au quinzième siècle, il y avait bien à Paris, un hospice d'enfants trouvés, mais on n'y admettait que les

______

(1) Les auteurs ne sont pas d'accord sur la date de la création de cet hospice. Les uns prétendent qu'elle remonte au onzième siècle et est due à Olivier de la Crau. Les autres, qu'elle est du douzième siècle, et que le fondateur est Guy, descendant du seigneur de Montpellier. Cette dernière opinion paraît cependant avoir plus d'adhérents.

enfants légitimes (1), c'était l'hospice du Saint-Esprit, fondé en 1362. En 1445, les magistrats de la capitale voulurent y faire entrer les enfants abandonnés sans distinction entre les légitimes et les illégitimes. Les administrateurs de l'hospice résistèrent ; la contestation se termina par des lettres patentes de Charles VII leur donnant gain de cause. La raison que donne le roi à sa disposition mérite d'être notée : « Il pourroit
» avenir, dit-il, qu'il y en auroit si grande quantité
» parceque moult gens s'abandonneroient et feroient
» moins de difficultés de eux abandonner à pécher,
» quand ils verroient que tels enfants bastards
» seroient nourris davantage, et qu'ils n'en auroient
» pas de charges premières ni sollicitude, que tels
» hopitaux ne les sauroient, ni pourroient porter, ni
» soutenir. »

La même exclusion fut prononcée par François Ier lors de la fondation par Marguerite de Navarre, sa sœur, de l'hospice des Enfants-Dieu, depuis Enfants-Rouges.

Tout ce qu'on faisait alors pour les enfants abandonnés illégitimes était de les rappeler aux soins des gens charitables et d'autoriser à leur profit les quêtes dans les églises.

Mais bientôt les quêtes deviennent insuffisantes, et le nombre des enfants abandonnés ne fait qu'augmenter. Alors par un arrêt rendu en 1547, le parlement

(1) Il nous paraît probable que dans les premiers temps, les enfants abandonnés étaient admis indistinctement à cet hospice. L'une des causes énumérées dans l'ordonnance de 1362, pour la fondation de l'hospice du Saint-Esprit : c'est qu'on trouvait un grand nombre d'enfants orphelins de père et de mère, *gisant en rue et sans aucune retraite.* Cela s'applique aussi bien aux enfants légitimes qu'aux enfants illégitimes.

de Paris autorise les enfants abandonnés à agir contre les seigneurs haut-justiciers pour faire valoir leurs droits à l'assistance. Un arrêt du 13 août 1552, rendu en conformité du premier, impose à ces seigneurs l'obligation de nourrir, entretenir et alimenter les pauvres enfants « trouvés et exposés en la ville de Paris » et fixe à « neuf cent soixante livres parisis, » payables par chacun an à trois termes, la part » contributive et collective desdits seigneurs. » Enfin le même arrêt ordonne « que les deniers ci-dessus » adjugez seroient mis ès mains des maîtres et gou- » verneurs de l'Hôtel-Dieu de la Trinité ou leurs rece-, » veurs et commis, pour être employés à la nourriture » et entretennement desdits enfants qui leur seroient » portez, et iceux faire nourrir, entretenir et alimen- » ter. » Par les soins des administrateurs de l'Hôtel-Dieu, ces enfants étaient confiés à une femme honnête qui devait les nourrir et les élever.

C'est à partir de l'arrêt de 1552 que la question des enfants trouvés est devenue une question légale, et c'est lui qui a posé la première base du système actuel. Toutefois le régime qu'il établissait, emprunté à un ordre de choses qui disparaissait tous les jours, ne répondit pas longtemps aux nécessités et il fallut bientôt songer à prendre des mesures plus efficacement protectrices. C'est ce qu'on essaya pendant le dix-septième et le dix-huitième siècle. Mais avant de passer à l'examen de cette période, jetons un coup d'œil sur le reste de la France, nous verrons que dans bien des provinces on était moins en retard que dans la capitale.

A Dijon, en 1204, Eudes III, duc de Bourgogne,

avait fondé une maison hospitalière pour les enfants trouvés, sur le modèle de celle de Rome.

Dans les Flandres, dès 1420 (1) la surveillance et la protection des enfants trouvés appartenait aux pouvoirs publics. C'était ce pouvoir qui devait rechercher leur famille ; et dans ce but des récompenses étaient promises à ceux qui viendraient faire des déclarations. Si les parents ne pouvaient être découverts, les enfants étaient mis à la campagne chez des nourrices ou des gardeuses moyennant un prix annuel de 9 à 12 livres. On leur donnait les enfants avec des vêtures variées et nombreuses, et on fournissait tous les objets de literie nécessaires.

Ailleurs, on voit que les nourrices étaient obligées d'envoyer à l'école les enfants qui leur étaient confiés (2).

A une époque assez reculée, mais qu'il est impossible de préciser, la bienfaisance lyonnaise ouvrit un asile à Notre-Dame-de-Pitié du Pont-du-Rhône (c'est ainsi que s'appela jusqu'au seizième siècle l'Hôtel-Dieu de Lyon) à tous les enfants trouvés. Il est bon d'ajouter cependant, que si cette détermination avait été prise, c'est seulement, dit un mémoire conservé aux archives de l'Hôtel-Dieu, parce qu'ils étaient originairement en si petit nombre que cet acte de

(1) Nous indiquons cette date parce qu'en faisant des recherches pour ses travaux sur la ville de Lille, M. Mélicocq a trouvé les dépenses faites par cette ville pour la protection des enfants, de 1420 à 1600.

(2) Voyez Sémichon, p. 92, et l'article de M. Mélicocq, qu'il cite. Nous extrayons de cet article un trait de mœurs curieux : Ce sont les pèlerinages accomplis d'après le commandement et aux frais de la ville de Lille pour les enfants trouvés malades. Le prix de ces pèlerinages s'éleva dans certains cas jusqu'à 60 livres.

charité ne semblait pas devoir tirer à conséquence (1).
Des lettres patentes de François Ier du 2 février 1530
reconnurent à l'Hôtel-Dieu le droit de tutelle sur les
enfants qui y étaient recueillis et élevés.

III. — Vers la fin du seizième siècle, une dame
pieuse avait fondé sur le parvis de Notre-Dame, à
Paris, une maison, qu'on appela la Couche, où devaient être recueillis tous les enfants abandonnés dans
la capitale, sans distinction entre les légitimes et les
illégitimes. C'est à cette maison qu'était attribuée la
plus grande partie de la taxe imposée aux seigneurs
hauts-justiciers. Créé avec les meilleures intentions
du monde, ce refuge produisit des résultats déplorables. Fatiguées des soins qu'elles donnaient aux
enfants, et mal surveillées sans doute, les servantes
que s'était adjointes la fondatrice de l'établissement
finirent par se livrer au commerce des enfants. Elles
les vendaient à vingt sous la pièce pour des opérations
de magie ; ou à des mendiants qui spéculaient sur
eux et les déformaient pour exciter la pitié.

« Ce désordre si étrange dans une ville si riche, si
« bien policée et si chrétienne, comme est celle de
« Paris, dit Abelly, disciple et biographe de Saint-
« Vincent-de-Paul, toucha sensiblement le cœur de
« M. Vincent lorsqu'il en eut connaissance. Mais ne
« sachant comment y pourvoir, il en parla à quelques-
« unes des dames de charité et les convia à aller quel-
« quefois dans cette maison, non tant pour y décou-
« vrir le mal qui était assez connu, que pour voir s'il

(1) FAYARD, *Histoire administrative de l'œuvre des enfants trouvés,
abandonnés et orphelins de Lyon.*

« n'y avait point quelque moyen d'y remédier. Ce
« qu'ayant fait, elles furent excitées à un très grand
« sentiment de compassion envers ces pauvres petits
« innocents ; mais ne pouvant se charger de tous, elles
« eurent la pensée d'en prendre quelques-uns pour
« leur sauver la vie. Elles se résolurent d'abord d'en
« nourrir douze, et pour honorer la Providence divine,
« ne sachant pas ses desseins sur ces petites créatures,
« elles les tirèrent au sort. Ils furent mis dans une
« maison de louage, hors la porte Saint-Victor, en
« l'année 1638, sous le soin de M^lle Legras (nièce de
« M. de Marillac, garde des sceaux sous Louis XIII) et
« de quelques filles de la Charité que M. Vincent y
« envoya. »

Tel est, raconté dans toute sa simplicité, le commencement de l'œuvre de Saint-Vincent-de-Paul : les
hospices d'enfants trouvés. Il ne se contenta pas d'y
intéresser les dames de charité ; sur ses sollicitations,
Louis XIII et Anne d'Autriche lui avaient accordé
12,000 livres. Mais le mal était si grand que ce secours ne suffit pas, et en 1648 une assemblée des
dames de charité fut convoquée pour savoir si on
abandonnerait ou non l'œuvre des enfants trouvés.
Saint-Vincent-de-Paul y prit la parole, il gagna la
cause des enfants. Les dames furent si touchées par
son discours, dit encore Abelly, « que toutes unani-
» mement conclurent qu'il fallait soutenir à quelque
» prix que ce fût, cette entreprise de charité. » Dès
lors, l'hospice des Enfants-Trouvés fut définivement
fondé, et l'ordre des Filles de la Charité créé par
Saint-Vincent-de-Paul dans l'intervalle, fut désormais
chargé du soin des enfants.

Mais dès qu'on sut dans les provinces qu'un hospice spécial avait été ouvert pour les enfants dans la capitale, on s'empressa de les y expédier. Les messagers par terre et par eau, dit en 1663 le directeur de l'hôpital général de Paris, amènent tous les jours des enfants que les archers préposés à cet effet remettent à l'hôpital sans prendre le nom ni le surnom. Pour remédier à un tel état de choses, en la même année 1663, le Parlement de Paris rendit un arrêt défendant expressément « à tous messagers, rouliers, voituriers « et conducteurs de coches, d'amener aucuns enfants « sans avoir fait inscrire les noms et surnoms sur « leurs livres, avec les noms, surnoms et demeure de « ceux qui les auront chargés sur les lieux desdits « enfants, et l'adresse de ceux à qui ils devront les « remettre à Paris, à peine de punition corporelle et « de 2,000 livres d'amende au profit de l'hôpital géné-« ral, payables par corps. » Le même arrêt posait en outre ce principe « qu'il est de l'ordre, de la charité « et de la justice que chaque ville et chaque province « nourrisse ses pauvres. »

Le 21 juillet 1670, Colbert fit paraître un règlement, le premier en ce genre, sur la direction et l'administration du service des enfants trouvés. Nous en extrayons les articles suivants :

Art. 6. — Les dames qui seront choisies parmi celles de la Charité pour avoir soin desdits enfants, iront les visiter le plus souvent possible.

Art. 7. — Prendront garde que les sœurs de la Charité les servent bien et leur administrent les choses nécessaires.

N'est-ce pas là l'idée première de nos comités de

protection pour les enfants du premier âge et les enfants assistés ?

Art. 8. — Auront soin que les sœurs de la Charité aillent visiter les enfants en nourrice dans le temps qu'elles jugeront nécessaire, et se feront rendre compte de l'état dans lequel elles les auront trouvés, des nécessités dont ils pourraient avoir besoin.

Cette mission d'inspectrices des nourrices confiée aux sœurs de Saint-Vincent-de-Paul, fut remplie par elles pendant le dix-septième et le dix-huitième siècle.

En 1674, les hautes justices de Paris furent supprimées ; perdant leurs privilèges, les hauts-justiciers cessèrent de payer les 13,000 livres auxquelles avait été portée leur taxe au profit des enfants trouvés ; cela obligea à prélever une somme de 20,000 livres sur le domaine du roi pour faire face aux dépenses.

Tel était à la fin du dix-septième siècle, l'état de la question de l'Assistance aux enfants ; pour caractériser ce qui a été fait dans ce siècle, nous dirons avec M. Semichon que : si l'essai d'une administration générale et centralisée fut encore incomplet, les réformes inaugurées eurent pour l'avenir des résultats considérables.

C'est à partir du dix-huitième siècle que l'administration prit définitivement en main la direction du service des Enfants-Trouvés.

En 1703 un avis du conseil des hospices vint compléter l'édit de 1670 relativement à la visite des enfants placés à la campagne. En 1712, le nombre de ces enfants étaient de 3,506 dont 2,254 au-dessous de trois ans. De ce chef il était redû aux nourrices

110,000 livres; le bureau des hospices ne put en payer
que 75,000.

En 1740, dans une note adressée à l'intendant de
Normandie, Orry, comte de Vignory, alors ministre
des finances, constatait que les enfants mis dans les
hospices étaient souvent mal soignés, qu'il en péris-
sait un grand nombre et que ceux qui survivaient
étaient élevés dans la paresse. Il ajoutait qu'il serait
préférable de destiner aux travaux de la campagne
les enfants exposés, qu'on trouverait probablement
des fermiers et métayers décidés à se charger des enfants jusqu'à ce qu'ils aient l'âge de vingt-cinq ans.

A cette époque il y avait à Paris de quatre à cinq
mille enfants trouvés; les dépenses qu'ils occasion-
naient s'élevaient à environ 600,000 livres, et les
revenus de l'hospice n'étaient guère que de la moitié,
317,000 livres. Les subsides de l'État et les loteries
comblaient le déficit. C'est à cause de ces difficultés
financières que fut prononcée en 1772 la réunion des
biens de l'hôpital des Enfants-Rouges avec ceux de
l'hôpital des Enfants-Trouvés.

Un peu plus tard, en présence de l'accroissement
prodigieux du nombre des enfants, on en vint à
rechercher d'où ils pouvaient provenir, et on s'aperçut que quantité étaient envoyés des provinces, surtout d'Auvergne, de Bretagne, de Flandre, de Lorraine (1) et des Trois-Évêchés. Les secrétaires géné-

(1) Sous les ducs de Lorraine, 100 puis 200 places avaient été affectées
aux enfants trouvés, à l'hôpital Saint-Charles de Nancy.

Des lettres patentes du duc Léopold, du 20 janvier 1705, établirent la
maison des Orphelines.

Stanislas donna à l'hôpital Saint-Julien 220,000 livres de France pour
la création de vingt-quatre places d'enfants trouvés à cet hôpital.

raux, par une circulaire du 6 février 1773, rappe-
lèrent les défenses faites sur ce point par l'arrêt du
Parlement de 1663 et en recommandèrent aux inten-
dants l'exacte observation.

Il est encore sur les enfants abandonnés une déclaration fort importante de 1771. Nous y trouvons le
passage suivant qui prouve que les préoccupations
qui agitent maintenant ceux qui s'occupent de la
question des enfants assistés, sont les mêmes qui à
cette époque tourmentaient déjà les administrateurs.
« Il nous a été représenté, dit le roi, que la cause
« principale de la perte des enfants, était le trop
« grand nombre rassemblés dans le même lieu; que
« pour prévenir cet inconvénient, il serait utile d'aug-
« menter les mois de nourrice et de répandre les en-
« fants dans les campagnes, au sortir du sevrage, chez.
« les laboureurs et fabricants qui voudraient s'en
« charger moyennant une pension modique. » Sur ces
bases, un système nouveau fut édifié et largement

En 1707, les enfants trouvés étaient à la charge de Nancy.

Sous Louis XVI, l'hospice des Enfants-Trouvés était dans les anciens
bâtiments de la Vénerie, aujourd'hui les Facultés. Les fonds donnés pour
leur entretien étaient : les revenus des magasins d'abondance créés par Stanislas, dans les duchés de Lorraine et de Bar, plus une contribution
annuelle par chaque ville de la province. Le tout formait un revenu
d'environ 18,000 livres. = Aussitôt la création et la dotation de l'hospice,
les admissions progressèrent considérablement. De 1774 à 1784, il y eut
3,608 entrées, de 1784 à 1794, 4,302.

La dotation de l'hospice des Enfants-Trouvés disparut lors de la Révolution. ainsi que cela résulte des déclarations de la commission des hospices du 18 vendémiaire an VI, et 27 vendémiaire an X. L'hospice ne fut
pas compris dans les maisons hospitalières qui furent indemnisées à raison de la confiscation de leurs biens. C'est en l'an IX que les Enfants-
Trouvés furent transportés de l'ancienne Vénerie dans les bâtiments du
noviciat des jésuites, aujourd'hui Saint-Stanislas.

Rapport de M. Parizot au conseil général. Session d'août 1877.

appliqué. Mais il arriva ce qui déjà avait eu lieu lors
de l'établissement de l'hospice des Enfants-Trouvés :
les enfants des provinces affluèrent à Paris. Aussi en
1779, une ordonnance de Louis XVI vint-elle rappeler
et confirmer les défenses faites en 1663 et 1773 aux
voituriers, de transporter dans la capitale les enfants
des provinces. Malgré cela nous voyons Necker constater quelques années plus tard qu'on expédie de province à Paris les enfants comme des marchandises.

Nous voici arrivés aux dernières années du règne
de Louis XVI : constatons avant de passer à l'examen
de la période de la Révolution, que dans tout ce que
nous avons dit, il n'a jamais été question du tour. Cela
nous conduit à conclure que jusqu'à la fin de l'ancien
régime, exposer les enfants et les abandonner de
quelque manière que ce soit était un crime. Nous
n'en voulons pour preuve que l'arrêt du conseil sou-
verain du 7 septembre 1784 qui, reproduisant en cela
un édit de 1564, ordonna que les femmes qui céle-
raient leur grossesse ou leurs enfants soient poursuivies ; et une délibération du bureau de l'Hôpital du
4 mai 1788 enjoignant quand la mère d'un enfant
trouvé était connue, de lui remettre l'enfant, et dans
le cas où elle refuserait de s'en charger, de la dénon-
cer au procureur du roi.

IV. — Nous empruntons à de Tourdonnet l'aperçu
qui va suivre, de la condition des enfants trouvés au
moment de la Révolution. « Il n'y avait, dit-il, dans
« la plupart des provinces, ni maisons spéciales, ni
« secours réguliers affectés au service des enfants
« trouvés. Partout il y avait conflit entre les com-
« munes, les hospices et les seigneurs pour éluder la

« loi ou interpréter la coutume; partout l'arbitraire
« et le provisoire présidaient à la condition des enfants
« abandonnés. Rejetés presque de toutes parts, ou du
« moins acceptés de mauvaise grâce, ces malheureux
« enfants ne trouvaient pas d'asile, ou ne recevaient
« que des secours insuffisants. La loi ne s'était pas
« chargée de leur avenir, et n'avait pas encore déter-
« miné leur état. »

La pensée qui domine dans l'œuvre des assemblées
qui se sont succédé pendant la Révolution, c'est
celle de la nécessité qu'il y avait de substituer l'action
de l'État à l'action brusquement interrompue de toutes les actions locales. C'est le but de la loi du 10 décembre 1790. Elle dispose que les ci-devant seigneurs
hauts-justiciers sont déchargés de l'obligation de
nourrir et entretenir les enfants exposés et abandonnés dans leur territoire, et qu'il sera pourvu provisoirement à la nourriture et à l'entretien desdits enfants
de la même manière que pour les enfants trouvés dont
l'État était chargé (1). Mais on ne s'arrêta pas là
dans la voie réformatrice, on décida que l'assistance de la société était *due* aux enfants pauvres,
parmi lesquels figurent les enfants naturels nés
du libertinage et les enfants légitimes clandesti-
nement exposés.

Saisie d'enthousiasme pour l'œuvre de nivellement
qu'elle entreprend la Convention veut tout égaliser.
C'est sous l'empire de cette idée qu'est rendu le dé-

(1) Antérieurement, le 10 septembre 1790, il avait été décidé que les
secours accordés aux hospices d'enfants trouvés et autres établissements
charitables ne seraient plus fournis par le Trésor public à partir du
1er janvier 1791.

cret des 28 juin, 8 juillet 1793. Voici le passage relatif aux enfants trouvés :

Article premier. — La nation se charge de l'éducation physique et morale des enfants connus sous le
nom d'enfants abandonnés.

Art. 2. — Ces enfants seront désormais désignés
sous la dénomination d'orphelins. Toutes autres qua-
lifications sont prohibées.

Art. 3. — Il sera établi dans chaque district une
maison où la fille enceinte pourra se retirer pour y
faire ses couches. Elle pourra y entrer à telle époque
de sa grossesse qu'elle voudra.

Art. 4. — Toute fille qui déclarera vouloir allaiter
elle-même l'enfant dont elle sera enceinte et qui aura
besoin des secours de la nation aura le droit de les
réclamer.

Art. 5. — Pour les obtenir elle ne sera tenue à d'autres formalités que celles prescrites pour les mères de
famille, c'est-à-dire à faire connaître à la municipalité
de son domicile ses intentions et ses besoins.

A cela il faut ajouter un décret du 4 juillet 1793
qui change la dénomination d'orphelins en celle d'enfants naturels de la patrie, et l'on aura une idée de
cette législation où le secours public dépouillant le
caractère de charité, est pour le législateur, l'accomplissement d'une obligation légale envers la femme
qui même en dehors du mariage donne un citoyen à
l'État.

Ces lois de la Convention furent revisées et modérées
dès que la fin de la Terreur permit à l'esprit d'ordre et
de reconstitution de se faire jour de nouveau. Une loi du
27 brumaire, an V (17 décembre 1796) décida que les en-

fants nouveau-nés seraient reçus gratuitement dans tous les hospices civils, même dans ceux qui n'avaient pas de revenus spécialement affectés à cet objet, et que leurs dépenses seraient supportées par le trésor national. En exécution de cette loi, un règlement relatif à l'éducation des enfants abandonnés parut le 30 ventôse an V (20 mars 1797). Ce règlement dans son article 2 chargeait les commissions administratives des hospices du placement des enfants en nourrice ou en pension à la campagne. En outre, par la loi des 15-25 pluviôse an XIII (4-14 février 1805) la tutelle des enfants abandonnés, qui d'après la loi de 1796 appartenait au président de l'administration municipale, fut confiée à ces commissions administratives.

Si maintenant l'on veut savoir quelle était sous le Consulat la situation du service des enfants abandonnés, il suffit de lire le passage suivant de la circulaire du ministre de l'intérieur Chaptal, du 14 mars 1801 :

« Depuis dix ans, le nombre des enfants abandonnés
« a fait plus que doubler dans nos hospices, il s'élève
« en ce moment à soixante-trois mille.

« Cette progression effrayante a sans doute pour
« cause principale la dépravation des mœurs, suite
« nécessaire du trop long interrègne des lois, de l'or-
« dre et de la morale publique ; mais ce serait étrange-
« ment s'abuser que de l'imputer à cette seule cause ;
« il est urgent de les rechercher et de les détruire.

« 1° Dans plusieurs départements, à diverses épo-
« ques, on a reçu dans les hospices des enfants dont
« les parents étaient connus et mariés.

« 2° Depuis dix ans, on admet généralement les en-

« fants de tous ceux qui présentent des certificats
« d'indigence ou d'infirmité.

« 3° Les administrations ont ouvert les hospices
« aux enfants des artisans que l'ambition ou le besoin
« éloignait du lieu de leur domicile.

« 4° Ici les administrateurs ont cru devoir se char-
« ger des enfants des défenseurs de la patrie pour
« indemniser les mères des secours que la nation leur
« avait promis.

« 5° Ailleurs, on a délivré des certificats d'existence
« pour des enfants morts afin de continuer à toucher
« un salaire qui n'était plus dû.

« 6° On a vu plusieurs fois des mères obtenir l'ins-
« cription de leurs enfants sur la liste des enfants
« abandonnés et s'en charger ensuite en qualité de
« nourrices, pour usurper la rétribution qu'on leur
« accorde.

« Tous ces vices nés du désordre et de l'immoralité
« doivent être sévèrement réprimés. »

Il paraît qu'ils ne le furent guère, car dans sa circulaire du 27 mars 1810, le ministre de l'intérieur, de
Montalivet, accuse environ 80000 enfants assistés.
« Le gouvernement, dit le ministre, ne voit pas sans
« étonnement le nombre et la dépense des enfants
« trouvés augmenter chaque année, il veut en appro-
« fondir les causes, et prescrire toutes les nouvelles
« mesures qui dans l'état actuel des choses peuvent
« concourir à réduire la masse des enfants, ainsi qu'à
« détruire les abus qu'il croit exister dans cette
« branche de l'administration, et à en prévenir le
« retour. »

C'est ce qu'on essaya de faire par le décret du

19 janvier 1811. Ce décret règle successivement : la classification et la condition des enfants trouvés (titres 1, 2, 3) ; leur placement en nourrice ou en pension (titre 4) ; leurs dépenses (titre 5) ; leur tutelle et leur seconde éducation (titre 6). Le titre 7 traite de la reconnaissance et de la réclamation des enfants. Enfin le titre 8 contient des dispositions générales dont la principale est l'ordre donné au ministre de l'intérieur de faire dans l'année un règlement d'administration publique, qui, disons-le de suite, ne fût malheureusement jamais présenté, les préoccupations de la guerre de Russie ayant attiré l'attention d'un autre côté.

Telle est en quelques mots l'économie du décret de 1811, qui, avec les lois et règlements du Directoire non abrogés, et des lois de finances promulguées depuis, forment ce qu'un auteur a appelé le Code des enfants assistés. C'est la situation faite aux enfants par ce décret que nous prendrons pour point de départ dans les développements que nous allons donner. Cela explique pourquoi nous n'entrons pas actuellement à son sujet dans de plus amples détails.

# CHAPITRE PREMIER

---

## Classification et condition des enfants assistés.

I. Enfants trouvés, enfants abandonnés, orphelins pauvres, enfants secourus à domicile (loi de 1869). — II. Nationalité des enfants trouvés. — III. Doit-on les présumer légitimes ou naturels ?

### I.

L'article 1 du décret de 1811 divisait en trois catégories les enfants dont l'éducation est confiée à la charité publique : les enfants trouvés, les enfants abandonnés, les orphelins pauvres (1). La loi du 5 mai 1869 consacrant une pratique suivie depuis longtemps dans l'administration, en rangeant dans les dépenses extérieures les secours destinés à prévenir ou à faire cesser l'abandon, a ajouté une autre classe, celle des enfants secourus à domicile.

Ainsi actuellement il y a quatre catégories d'enfants assistés : les enfants trouvés, les enfants abandon-

---

(1) Le législateur pour faire cette classification avait considéré l'enfant en lui-même, dégagé de la famille. Aussi on remarquera qu'il n'y comprend pas les enfants appartenant aux familles pauvres. Actuellement, l'administration, dans un certain nombre de départements, a pris l'habitude d'accorder, sous le titre de secours *extra légal*, des subsides à ces enfants, sur la caisse des enfants assistés. Pour notre part, nous ne pensons pas que cette pratique devrait être suivie ; il y a assez d'autres moyens de secourir les familles pauvres surchargées d'enfants (bureaux de bienfaisance, commissions pour l'extinction de la mendicité, associations charitables de toute nature), sans encore employer celui-là qui doit être exclusivement réservé aux enfants privés de famille.

nés, les orphelins pauvres, les enfants secourus à domicile.

Les enfants trouvés, sont, dit l'article 2 du décret de 1811, ceux qui nés de père et mère inconnus ont été trouvés exposés dans un lieu quelconque ou portés dans les hospices destinés à les recevoir. Ces enfants, en raison de leur âge et de leur faiblesse, sont la catégorie la plus intéressante; aussi le législateur les met-il en première ligne.

Déterminer quels sont les enfants abandonnés est plus difficile et plus délicat (1). L'article 5 du décret de 1811 dit bien que ce sont ceux qui nés de père et de mère connus, et d'abord élevés par eux ou par d'autres personnes à leur décharge, en sont délaissés sans qu'on sache ce que les père et mère sont devenus

(1) Il ne faut pas confondre les enfants abandonnés dont il est ici question avec une autre classe d'enfants abondonnés qui fait l'objet d'un projet de loi actuellement soumis au Sénat, dont l'initiative est due à MM. Théophile Roussel, Bérenger, Dufaure, Schœlcher, l'amiral Fourichon, Jules Simon. Pour éviter la confusion, on les désigne plus communément sous le nom d'enfants moralement abandonnés. Ce sont les enfants qui ne sont pas surveillés par leurs familles et qui ne peuvent en tout cas y recevoir que de mauvais conseils et de mauvais exemples.

« Ces enfants, dit le rapporteur de la première commission d'initiative « parlementaire, se trouvent dans les conditions légales de la famille, « conditions déplorables en fait presque toujours, mais inattaquables en « droit; le législateur a rencontré en face de lui le principe respecté de « la puissance paternelle, et il s'est arrêté devant cet obstacle. C'est « cette situation légale qui fait que cette catégorie d'enfants est excluc « de l'assistance publique ». (Journ. off. 28 janv. 1881. Annexe nº 325, p. 437.)

C'est principalement aux enfants moralement abandonnés qu'est destinée l'œuvre de la société générale de protection pour l'enfance abandonnée ou coupable récemment fondée par M. Georges Bonjean. (V. *Économiste français*, 23 janv. 1881). — Voir aussi dans la *Revue politique et littéraire* du 26 novembre 1881, la lettre de M. J. Reinach à M. Quantin, directeur de l'Assistance publique à Paris, à propos de l'œuvre des enfants abandonnés, entreprise par ce dernier.

et sans qu'on puisse recourir à eux. Mais cette définition est inexacte ou plutôt incomplète, car il y a d'autres enfants abondonnés que ceux qui sont délaissés par leurs parents. L'instruction ministérielle de 1823 y ajoute les enfants dont les père et mère sont détenus ou condamnés pour faits criminels ou de police correctionnelle. La logique aidant, on leur a assimilé plus tard les enfants dont les parents sont traités dans les hospices, ceux qui sont maltraités par leurs parents. Dans ce cas-là, en effet, comme dans ceux prévus par la circulaire de 1823, les enfants sont privés de toute ressource et de toute direction. Nous assimilerons encore aux enfants abandonnés les enfants nés dans les hospices de femmes admises à y faire leurs couches, dans le cas où celles-ci refusent de s'en charger à leur sortie de l'hospice (1). D'après la circulaire de 1823 on devrait les ranger parmi les enfants trouvés. Mais il est évident que c'est là une erreur du ministre ; erreur fort excusable d'ailleurs dans une instruction qui avait pour but immédiat et direct, non pas de donner une classification légale des enfants assistés, mais de régler leur condition financière et administrative. Du reste, grâce aux efforts constants de l'administration ce genre d'abandon est très peu fréquent.

La troisième catégorie est celle des orphelins pauvres. Le législateur de 1811 les avait placés au dernier rang, sans doute parce qu'il avait pensé que leur charge ne devait incomber à la charité publique qu'autant que la charité privée leur ferait défaut.

(1) Roche et Durieu, l. c.

Parlant des orphelins pauvres, la circulaire de 1823 disait : La mort naturelle des père et mère n'est pas une circonstance qui puisse faire admettre leurs enfants au rang des enfants abandonnés ; ils ne peuvent être classés que parmi les orphelins pauvres, *à la charge exclusive des hospices*. Ajoutons à cela que dans les articles du décret de 1811 relatifs au placement et à la dépense des enfants trouvés et abandonnés, il n'est point fait mention des orphelins pauvres ; et l'on comprendra comment il se fit que pendant un temps assez long les orphelins pauvres eurent parmi les enfants assistés une situation à part. En recherchant dans les archives du conseil d'État, on s'aperçut que l'exclusion n'émanait pas du législateur, qu'elle avait été faite après coup ; car il était dit formellement dans le projet du conseil d'État que tout ce qui avait été prescrit pour les enfants trouvés devait être commun aux enfants abandonnés et aux orphelins pauvres (1). De plus, le principe admis était souvent d'une application difficile, dans le cas où la commune dans laquelle l'orphelin avait son domicile de secours n'avait pas de ressources suffisantes, ne possédait pas d'hospice ou même de bureau de bienfaisance. Aussi dans une circulaire de 1837, le ministre de l'intérieur recommandait dans ces divers cas d'assimiler les orphelins pauvres aux enfants trouvés et abandonnés. Enfin, en raison il était difficile de justifier la distinction que l'administration avait établie entre les orphelins et les enfants trouvés et abandonnés. « Les orphe- « lins pauvres n'ont pas moins besoin que ces derniers

(1) Passy. *Rapport au nom du conseil d'État*, 1842.

« (les enfants trouvés et abandonnés) des secours de
« la société, ils n'y ont pas moins de titres, on ne sau-
« rait leur reprocher aucun vice de leur origine, au-
« cune faute de la part de leurs parents (1). »

Pour toutes ces causes, la décision ministérielle de
1837, approuvée par le conseil d'État, fut rendue exé-
cutoire par un arrêt de ce conseil en 1843. Le ministre dans sa circulaire recommandait aux administrations locales de s'efforcer de prévenir les fraudes et
les abus. Cette recommandation fut prise au pied de
la lettre et appliquée dans le sens de la plus stricte
économie. L'administration, en ce qui concerne les
orphelins pauvres, se repose sur la charité privée et
n'admet à ses secours que les plus nécessiteux, ceux
qui sont laissés notoirement sans ressources. C'est en
somme revenir à l'idée qui très probablement avait
inspiré le législateur de 1811.

Nous avons cité en dernier lieu, les enfants secourus
à domicile. Pour tout ce qui concerne cette catégorie
nous renvoyons au chapitre suivant. Nous nous bornerons à faire remarquer que si nous les avons énu-
mérés les derniers c'est tout simplement parce que
chronologiquement cette catégorie a été créée la
dernière.

## II.

Les enfants trouvés non reconnus par leur père ou
par leur mère, dont l'identité n'est par conséquent
pas établie ont-ils la nationalité du pays dans lequel
ils sont recueillis ?

(1) Passy. *Ibid.*

La question peut être envisagée sous deux faces. On peut se demander en effet :

1° Quelle solution doit lui être donnée dans la législation française ?

2° Comment elle doit être décidée au point de vue du droit international pur, c'est-à-dire au point de vue abstrait, toute législation positive sur la matière étant laissée de côté ?

1° *Droit positif français*. — La doctrine et la jurisprudence sont à peu près unanimes pour accorder aux enfants dont nous nous occupons la qualité de français (1). Législativement cette solution a été consacrée par la loi du 4 juillet 1793 et par le décret du 19 janvier 1811, qui en soumettant dans les articles 16 et 19 les enfants trouvés au service dans les armées de terre et de mer, leur attribue implicitement la qualité de français.

Toutefois M. Laurent (2) soutient que l'ancien principe portant que tout individu né en France est par cela seul français ayant été abrogé, ces enfants qui n'ont pas de filiation n'ont pas de nationalité. Cette solution suppose qu'il est possible qu'un individu

(1) Demolombe, I. 154 ; Merlin, rep. V° Français, § 1, n° 1. Aubry et Rau, I. § 69 et note 6 où ils énoncent et réfutent l'opinion de Richelot, d'après laquelle l'enfant né en France de parents inconnus ne serait pas de plein droit français en vertu de son origine, parce que des étrangers peuvent lui avoir donné le jour. Voyez aussi Poitiers, 26 juin 1829, S. 30, 2, 99. Liège, 12 fév. 1881, S. 81, 4, 21. En sens contraire un arrêt de la Cour de cassation belge du 17 mai 1880, et un autre de la même cour, toutes chambres réunies, du 24 juin 1880, S. 81, 4, 17.— La question a du reste reçu en Belgique une solution législative pendant la session parlementaire 1880-1881. Une loi a déclaré que les enfants nés en Belgique de parents inconnus devraient être réputés belges. (*Revue d'administration*, août 1881.).

(2) *Principes de droit civil français*, I, n° 328.

n'ait aucune nationalité, thèse que nous allons réfuter en cherchant la solution à donner à la question en droit international abstrait (1).

2° *Droit international abstrait.* — A ce point de vue, la solution que nous avons admise en droit français doit également être adoptée. Elle ne pourrait être abandonnée que pour une autre consistant à dire que les enfants qui se trouvent dans le cas que nous avons imaginé n'ont aucune nationalité. Or cela est inadmissible. Tout individu, quel qu'il soit, doit avoir une patrie, partant une nationalité. Sociable par essence l'homme doit rattacher son existence à une puissance supérieure. Il manquerait quelque chose à cette existence s'il devait rester sans liens personnels avec ces grandes puissances sociales qui s'appellent État, dont la vie supérieure doit élever et agrandir la sienne. Sans doute c'est avant tout à l'État auquel sont rattachés ses auteurs que lui-même doit être rattaché, parce que c'est là qu'il rencontre les mœurs, les habitudes et surtout les lois les mieux appropriées à son propre caractère. Mais si ce critérium que fournit une filiation dûment établie vient à manquer, il faut bien se décider par d'autres considérations. C'est alors la nationalité du pays où l'enfant a été recueilli qui s'impose forcément. La nationalité en effet, établit des droits et des obligations réciproques au pro-

(1) La solution que nous avons admise est donnée formellement par l'article 7, alinéa 3, du code civil italien : Quand la mère n'est pas connue, l'enfant né dans le royaume est citoyen.

Une convention du 15 juin 1851, entre les États allemands dispose que chaque État doit accorder l'indigénat à toute personne dont la nationalité ne peut être démontrée ; par suite éventuellement à toute personne née dans le pays.

fit et à l'encontre tant de la patrie que de l'individu.
Au cas présent un pays (celui de la naissance) a rempli
en recueillant l'enfant le premier devoir qui s'impose à l'État national vis-à-vis des citoyens. L'État
s'est comporté vis-à-vis de l'enfant comme patrie,
n'a-t-il pas alors le droit d'exiger que celui-ci se comporte envers lui comme citoyen ? En un mot, il est
difficile de ne pas voir dans cette situation une sorte
d'adoption de l'enfant par l'État, adoption qui devra
sortir ses pleins effets tant que la personne ne se
trouvera pas en mesure de prouver qu'elle est en droit
de réclamer une autre nationalité (1).


## III.

Les enfants trouvés doivent-ils être présumés légitimes ou naturels ? Cette question ne présente que
peu ou point d'intérêt pratique, mais comme elle a
été soulevée, nous devons pour être complet, en
rechercher la solution.

Merlin dans son répertoire (2) dit qu'on doit les
présumer légitimes parce que, bien qu'assez souvent
la honte engage les personnes non mariées à exposer
le fruit de leurs débauches ; néanmoins il peut arriver
aussi qu'une mère pressée par une extrême nécessité, abandonne son enfant légitime dans l'espérance
que des personnes charitables en prendront soin. Or
dans le doute et surtout en matière de questions

(1) Voyez en ce sens : Brocher, *Nouveau traité de droit international
privé*, p. 165. Pasquale Fiore, *Droit international privé*, n° 54. Bluntschli, *Droit international codifié*, art. 369.
(2) V° *Exposition de part.*, t. V., p. 35.

d'État, il faut toujours décider dans le sens le plus favorable. Semper in dubiis benigniora preferenda sunt. Cette opinion est suivie par MM. Terme et Montfalcon.

Ce système est absolument en contradiction avec la doctrine du code civil sur la matière. D'après le code, les enfants légitimes sont les enfants nés d'un mariage réalisé suivant des formes qu'il règlemente; dont la naissance est constatée par des formalités qu'il édicte. Alors logiquement on est amené à dire que tout enfant qui est né en dehors de ces conditions, ou dont la naissance n'est pas constatée comme il est prescrit, est naturel. Sans doute la suppression de l'état civil d'un enfant est pour lui un malheur; mais attribuer le caractère de légitimité à un enfant trouvé, alors qu'il est reconnu que l'énorme majorité est illégitime; alors que les efforts faits pour rendre à ces enfants une mère et une famille restent la plupart du temps infructueux, constitue à nos yeux une véritable hérésie sociale.

# CHAPITRE DEUXIÈME.

## Admission des enfants assistés, et modes d'assistance.

I. Des modes d'admission des enfants trouvés. II. Du tour, moyens employés pour prévenir les abus qu'il engendrait, sa surveillance, sa suppression. III. Des bureaux d'admission, du domicile de secours, des hospices dépositaires, du secours à domicile. IV. Comparaison entre le système des tours et celui de l'admission à bureau ouvert. Appendice : Assistance aux enfants malades.

## I.

Le décret de 1811 est muet sur la question de l'admission des enfants assistés ; c'est la circulaire ministérielle de 1328 qui en indique les différents modes. Le ministre s'exprime ainsi : « L'admission des enfants « trouvés ne doit avoir lieu que dans les circonstances « suivantes ; 1° par leur exposition au tour ; 2° au « moyen de leur apport à l'hospice immédiatement « après leur naissance, par l'officier de santé ou la « sage-femme qui a fait l'accouchement ; 3° sur l'aban- « don de la mère, si admise dans l'hospice pour y faire « ses couches elle est reconnue dans l'impossibilité de « s'en charger ; 4° sur la remise du procès-verbal dressé « par l'officier de l'état civil pour les enfants exposés « dans tout autre lieu que l'hospice. Quant aux enfants

« abandonnés, ils ne doivent être admis dans les
« hospices que : 1° d'après l'acte de notoriété du juge de
« paix ou du maire constatant l'absence de leur père
« et mère ; 2° sur l'expédition des jugements correction-
« nels ou criminels qui les privent de l'assistance de
« leurs parents. »

Si nous y ajoutons à partir de l'arrêt du conseil
d'État de 1843 l'admission sur enquête pour les
orphelins pauvres, nous aurons l'énumération complète des modes d'admission sous le régime du décret
de 1811.

De tous ces moyens d'admissions celui qui procurait
le plus d'enfants était le tour. Nous lui consacrons
une section spéciale. Des autres, nous n'avons que peu
de chose à dire.

A propos du second mode ; apport à l'hospice après
la naissance, par la sage-femme ou l'officier de santé
qui a fait l'accouchement, nous reprocherons au
ministre une grave inprudence. Les sages-femmes, les
officiers de santé ne sont soumis à aucun contrôle public
et ils deviennent souvent sinon les instigateurs au
moins les agents de la fraude (1). Aussi un certain
nombre de conseils généraux avaient-ils demandé une
répression sévère pour les sages-femmes qui conver-
tissent leurs maisons en « auberge d'accouchement », et
moyennant salaire portent les enfants à l'hospice. Conformément à ces vœux des mesures furent prises, mais
elles étaient purement locales, arrêtées dans chaque
département par le préfet. Nous pouvons citer dans
ce sens une circulaire adressée en 1837 par le préfet

(1) Roche et Durieu, l. c.

de police à Paris aux maires et aux commissaires de police de son ressort. Cette circulaire destinée à expliquer et régulariser un arrêté de l'administration générale des hospices de Paris du 25 janvier 1837, décide qu'aucun enfant ne sera reçu désormais que sur le vu d'un procès-verbal du commissaire visé par le préfet de police ; sauf les mesures conservatoires à prendre si l'intérêt de l'enfant l'exigeait.

A propos du quatrième mode ; remise du procès-verbal dressé par l'officier de l'état civil pour les enfants exposés en tout autre lieu que l'hospice, nous rappelerons l'article 58 du Code civil reproduit dans la circulaire de 1823 : «Toute personne qui aura trouvé un « enfant nouveau-né est tenue de le remettre à l'officier « de l'état civil, ainsi que les vêtements et autres effets « trouvés avec l'enfant et de déclarer toutes les circons-« tances du temps et du lieu où il a été trouvé. Il « doit en être dressé un procès-verbal détaillé énon-« çant en outre l'âge apparent de l'enfant, son sexe, les « noms qui lui serontdonnés, l'autorité civile à laquelle « il sera remis. Ce procès-verbal doit être inscrit sur « les registres. »

Il nous reste à dire un mot de l'enquête d'admission pour les orphelins pauvres. Cette enquête est faite par un agent de l'administration, et le préfet prononce d'après les renseignements qui en résultent. Depuis l'organisation de l'inspection départementale, un nouvel élément est venu s'y ajouter, c'est un rapport fait d'après les données de l'enquête par l'inspecteur des enfants assistés.

## II.

Les tours, disent MM. Terme et Montfalcon (1),
sont des cylindres en bois, convexes d'un côté, con-
caves de l'autre, qui tournent sur eux-mêmes avec une
grande facilité. Celui de leurs côtés qui est convexe
fait face à une rue, l'autre s'ouvre dans l'intérieur d'un
appartement; une sonnette est placée à l'intérieur près
du tour. Une personne veut-elle exposer, elle avertit
la personne de garde par un coup de sonnette; aussitôt
le cylindre décrivant un demi-cercle présente au
dehors sur la rue son côté vide, reçoit le nouveau-né,
et l'apporte dans l'intérieur de l'hospice en achevant
son évolution.

L'invention du tour a été longtemps attribuée à
Saint Vincent de Paul; mais il est actuellement démontré qu'il est d'origine italienne. Il fut importé en France
à une époque qu'il est impossible de préciser, peut-
être à l'époque où Guy (d'autres l'appellent Guido),
fils de Guillaume, comte de Montpellier, fondait en cette
ville l'hôpital du Saint-Esprit (2). Quoi qu'il en soit,
jusqu'en 1811, cette institution, d'ailleurs fort peu
répandue, n'eut qu'un caractère purement local. C'est
ce décret qui lui donna une existence légale, « et
l'investit d'une fonction officielle » (3).

Malgré l'article 3 du décret de 1811, d'après lequel
il devait y avoir un tour à chaque hospice destiné à
recevoir les enfants, on serait dans l'erreur en croyant
que tous les établissements dépositaires acceptèrent

(1) *Histoire des enfants trouvés.*
(2) DE FONTPERTUIS.
(3) DE FONTPERTUIS.

l'institution du tour. Sur 303 dépôts, 55 n'eurent pas de tour. Il y a six départements dans lesquels le tour n'a jamais fonctionné ; par contre certains hospices qui n'avaient pas le titre d'hospices dépositaires, ouvrirent des tours (1).

Les résultats de cette admission forcée et aveugle, qui est la conséquence naturelle du tour, ne se firent pas attendre. Le nombre des enfants trouvés qui en 1784 était de 40,000 d'après les évaluations de Necker, était en 1815 de 84,500, en 1816 de 87,800, et augmentant ainsi d'année en année il était en 1833 de 127,507 (2).

En présence d'une semblale augmentation, des réclamations et des plaintes s'élevèrent de toutes parts et surtout du sein des conseils généraux. On signala les

(1) Enquête de 1860. — Les six départements qui n'ont jamais eu de tour sont : le Doubs, le Gers, le Bas-Rhin, le Haut-Rhin, la Haute-Saone, et les Vosges. — Les hospices non dépositaires qui ouvrirent des tours sont ceux de Tarascon, Saint-Maixent, Bagnères, Saint-Yrieix et Hautefort.

(2) Labourt. l. c. *Documents statistiques de la France*, publiés par le ministre du commerce, 1835. Voici d'après ces documents cités par Labourt le mouvement des enfants assistés de 1816 à 1833.

| | | | | | |
|---|---|---|---|---|---|
| 1816..... | 87800 | 1822..... | 109300 | 1828..... | 114307 |
| 1817..... | 92000 | 1823..... | 111800 | 1829..... | 115472 |
| 1818..... | 98000 | 1824..... | 116787 | 1830..... | 118072 |
| 1819..... | 99300 | 1825..... | 117005 | 1831..... | 123869 |
| 1820..... | 102100 | 1826..... | 116277 | 1832..... | 127982 |
| 1821..... | 106480 | 1827..... | 124384 | 1833..... | 127507 |

Il serait toutefois inexact de conclure de là que le nombre des admissions augmentait d'une année à l'autre, c'est ce dont il est facile de se convaincre par le tableau suivant qui est célui des admissions annuelles de 1824 à 1833 :

| | | | | | |
|---|---|---|---|---|---|
| 1824..... | 33792 | 1828..... | 33749 | 1831..... | 35884 |
| 1825..... | 32288 | 1829..... | 33144 | 1832..... | 35435 |
| 1826..... | 32876 | 1830..... | 33431 | 1833..... | 33191 |
| 1827..... | 32504 | | | | |

trafics honteux des sages-femmes qui faisaient métier
d'apporter les enfants au tour (1), et cela impunément. Car bien que l'article 23 du décret de 1811 fit
un délit de l'habitude de transporter les enfants au
tour, l'abus était trop voisin de l'usage pour que l'un
ne suivît pas immédiatement l'autre sans qu'il soit
facile de les distinguer. D'autre part, il était trop aisé
de faire les apports au tour en cachette (2) pour que
la loi pût avoir une sanction sérieuse. Enfin le plus
souvent les tribunaux hésitaient à sévir.

On signala aussi ce fait que les tours ne servaient
pas seulement à ceux qui par honte ou par pauvreté
ne pouvaient se charger de l'éducation de leurs enfants
nés en dehors d'un mariage, mais encore aux parents
dénaturés qui voulaient se débarrasser de leurs enfants
légitimes

Il semble que cette dernière considération émut
surtout le gouvernement, car en 1823 il envoya dans
quelques départements un inspecteur chargé de recon-
naître les fraudes introduites dans le service, et de faire
rendre aux parents légitimes les enfants abusivement
inscrits au nombre des enfants trouvés. Les résultats
obtenus furent assez satisfaisants pour qu'en 1828 le

---

(1) Une sage-femme de Rouen a déposé au tour, du 1er juillet 1843 au
12 février 1860, 192 enfants, parmi lesquels 178 sont morts dans l'année
de leur déposition. Elle apportait quatre ou cinq enfants à la fois dans
un panier à compartiments afin que chaque voyage lui rapportât davantage. Semichon, l. c. Il en était à peu près de même partout.

(2) Cependant il arrivait que des sages-femmes exerçassent leur
industrie publiquement et au grand jour. Ainsi dans le rapport de l'en-
« quête de 1860 nous trouvons ce qui suit : « La commission pourrait
« citer une ville de l'ouest où une sage-femme, par la voie du journal
« de la localité, rappelait à sa nombreuse clientèle qu'elle se chargeait
« d'effectuer les abandons d'enfants naturels sans aucun renseignement. »

ministre instituât définitivement les inspecteurs qui jusque-là n'avaient été nommés qu'à titre provisoire (1).

Une autre mesure destinée à atténuer les effets pernicieux du tour, fut celle du déplacement des enfants. Elle consistait à transporter en masse les enfants assistés d'un département dans un autre. On pensait que par ce moyen, enlevant aux mères l'espoir qu'elles nourrissaient généralemeut de voir leurs enfants s'élever sous leurs yeux, on empêcherait tout au moins l'exposition des enfants légitimes. L'idée première de cette mesure se trouve dans une circulaire ministérielle de 1827. Mais ce ne fut qu'à partir de 1834 qu'elle reçut un commencement d'exécution sérieux : elle fut même appliquée dans l'intérieur des départements, d'un arrondissement à un autre. Aussi dans une lettre du 7 juin 1846 (2), le préfet de la Meurthe relatant les moyens employés pour diminuer le nombre des enfants trouvés du département, dit : « La seconde mesure « employée, à été celle du déplacement d'un arrondisse- « ment à l'autre de tous les enfants trouvés au-dessous « d'un an. Elle a eu pour résultat le retrait de 469 « enfants par leurs mères ou parents, et l'adoption de « 298 enfants par leurs nourrices et bienfaiteurs. »

Presqu'unanimement condamnée, cette mesure ne

(1) En 1823, après la visite de l'inspecteur, sur 932 enfants assistés existant à celte époque dans le département du Lot, 259 furent repris par leurs parents. Dans le département du Var, il y en eut 650 de repris sur 2492. En 1827, le chiffre des enfants reconnus mis indûment à la charge des hospices dans dix départements seulement fut de 6286 et on réalisa cette année-là une économie de 453788 francs. LABOURT, l. c.

(2) Rapportée par M. Parizot, inspecteur de l'assistance publique dans son compte rendu au préfet de Meurthe-et-Moselle. Délibérations du conseil général. Volume de la session d'août 1877.

fut appliquée que pendant fort peu de temps. On lui reprochait d'être dangereuse pour la vie des enfants, qu'on soumettait dans un âge aussi tendre aux dangers d'un voyage ; qu'on enlevait à des nourrices qui s'étaient attachées à eux, pour les remettre à d'autres moins bonnes peut-être, et qui auraient pour eux moins d'affection. On a fait, dit Remacle, le calcul de la diminution des dépenses amenée par l'emploi de cette mesure ; si l'on supputait les décès qu'elle a entraînés, on verrait ce que coûtent en hommes ces économies d'argent (1) !

En 1837, le Préfet de police à Paris interdit aux sages-femmes de faire les abandons ; de 4,644, ils tombèrent immédiatement à 3,207. A des époques diverses cette mesure fut prise dans presque tous les départements et y produisit d'excellents résultats. Dans le département de la Meurthe, elle date de 1834 (2).

Dans certains départements, on surveilla le tour, c'est-à-dire qu'on n'admettait plus d'enfants sans dé-

----

(1) Voyez au surplus le passage complet. Remacle, l. c., p. 269 et 270.

(2) Cela résulte d'un autre passage de la lettre que nous avons citée plus haut, et qui est également rapporté par M. Parizot, l. c.: « Par une « interprétation abusive des articles 2 et 3 du décret du 19 janvier 1811, « on permettait que les sages-femmes et les médecins-accoucheurs vins- « sent personnellement faire à l'hospice, entre les mains des sœurs, le « dépôt des enfants naturels nés ou soi-disant nés entre leurs mains. « Aussi, de tout le département et même des départements limitrophes, « les filles-mères venaient-elles faire leurs couches à Nancy, et les dépôts « d'enfants à l'hospice se multiplièrent tellement que les entrées s'éle- « vèrent à 442 annuellement.

» Afin de diminuer des habitudes aussi funestes aux mœurs qu'aux « intérêts du département, je prescrivis pour première mesure la prohi- « bition aux sages-femmes et médecins-accoucheurs d'apporter des en-

claration et sans enquête (1). Ce moyen qui, comme on l'a très bien dit, n'était en somme qu'une demi-mesure, produisit cependant d'excellents résultats, et surtout il fut l'acheminement vers une autre plus radicale, nous voulons dire la suppression du tour et son remplacement par l'admission à bureau ouvert.

Dès 1823, quelques villes voulant s'exonérer de l'entretien des enfants qui leur étaient apportés des territoires voisins, avaient tenté de supprimer leurs tours (2). Mais la tentative ne réussit pas et les enfants furent envoyés comme de coutume.

En 1834, n'osant pas attaquer le mal de front, le gouvernement voulut intéresser les localités à sa répression. En conséquence un projet de loi fut présenté qui réduisait le nombre des tours à un par province (article 4); et qui mettait les frais d'entretien des enfants nés de père et mère inconnus pour moitié à la charge des communes (3) sur le territoire desquelles

« fants à l'hospice sous les peines prononcées par les articles 349 et sui-
« vants du code pénal. Cette défense faite en 1834 par M. le procureur
« du roi à Nancy, produisit immédiatement un effet tel, que les exposi-
« tions, dont le chiffre dans les quatre premiers mois de cet exercice
« s'était élevé à 147, n'a plus été que de 141 pour les huit derniers mois
« de cette même année ».

(1) A Evreux, à Paris, à Lyon, dans la Marne, à Laval, à Perpignan, etc., au moment de l'enquête de 1849, sur 65 tours existant 36 étaient surveillés. Au moment de l'enquête de 1861, il y avait 13 tours soumis à la surveillance.

(2) Dans la Meurthe, on avait, depuis 1818, réduit les tours existant dans le département à un seul, celui de l'hospice Saint-Stanislas, à Nancy. Encore le tour proprement dit ne fonctionnait-il plus parce qu'on y avait mis des animaux par plaisanterie. On plaçait les enfants devant la porte, on sonnait, et la sœur préposée à la garde venait recueillir l'enfant. M. Parizot, l. c.

(3) C'est sur la même idée que repose la pétition d'un sieur Carbonel, adressée au Sénat le 10 février 1881, et qui avait déjà été présentée aux

ils seraient trouvés exposés ; et pour l'autre moitié à la charge des provinces auxquelles ces communes appartiendraient ; sans préjudice du concours des établissements de bienfaisance. En mettant ainsi à la charge des communes une grande partie de la dépense des enfants trouvés, le gouvernement voulait amener à demander la suppression du tour. Après une longue discussion aux deux Chambres, il fut reconnu que : *l'établissement ou la suppression des tours était une question administrative dont il fallait laisser la solution aux provinces et aux communes à qui incombaient les frais d'entretien des enfants auxquels ces tours étaient destinés.*

A la suite de cette déclaration législative, dans une période de quatre années, de 1834 à 1838, 185 tours furent supprimés dans les divers départements ; le nombre des enfants trouvés s'abaissa à 95,624 (1). En 1848 il ne restait plus que 57 tours, chiffre qui tombait à 5 en 1862, et qui est de zéro à cette heure.

Cette suppression complète ne s'était pas faite sans

Chambres en 1865. Frappé des considérations douloureuses qui se rattachent à la question si complexe des enfants trouvés, frappé en outre des charges énormes que l'entretien de ces enfants impose aux départements, le pétitionnaire demande que la charge soit supportée par les communes où seraient nés les enfants, où que les filles-mères auraient habitées au commencement de leur grossesse. La crainte de ces charges intéresserait alors tous les habitants à exercer sur les mœurs des uns des autres une surveillance incessante. Ils châtieraient la fille dont la conduite laisserait à désirer ; ils la hueraient quand elle paraîtrait en public et même la fustigeraient au besoin. La commission chargée de l'examen de la pétition, tout en faisant d'expresses réserves au sujet des moyens proposés, a conclu néanmoins à son renvoi au ministre de la justice à cause des renseignements qu'elle contient. (Rapport de M. de la Sicotière, au nom de la deuxième commission des pétitions. *Journal officiel* du 15 juin 1881, p. 865).

(1) Pallu, l. c., d'après de Watteville.

protestation ni sans résistance. En 1838, Lamartine s'était fait l'apologiste du tour, il avait fait l'éloge de la fraternité humaine, de l'assistance mutuelle, de la charité légale ; « principes fort différents les uns des « autres, dit M. de Fontpertuis, mais qu'il amalga- « mait dans son imagination puissante » (1).

Consultés par la commission d'enquête (2) instituée en 1849 par M. Dufaure, qui voulait faire cesser en notre matière la diversité de législation existant de département à département ; cinquante-cinq conseils généraux se prononcèrent en faveur du tour ; la Commission conclut néanmoins à son abolition. Mais avant qu'elle eut déposé son projet de loi ; un autre dû à l'initiative de Thiers et dont de Melun fut le rapporteur, venait conclure en sens tout à fait opposé. Les deux propositions, soumises à l'examen du conseil d'État, furent fondues par lui en un projet mixte qui du reste n'aboutit pas. Tel fut également le sort des projets de loi de 1853 (Remacle, rapporteur) et de 1856 (comte Siméon, rapporteur). Le Gouvernement intervint alors et promit de préparer une loi ; mais en 1870, elle était encore dans les cartons du conseil d'État.

Dans l'intervalle, en 1860, une nouvelle commission (3) avait été créée pour procéder à une enquête. Le

(1) De FONTPERTUIS, l. c. Les idées de Lamartine se trouvent dans le discours qu'il prononça à la séance générale annuelle de la société de morale chrétienne, le 30 avril 1838. Cette même année, il interpella le gouvernement à ce sujet à la Chambre des députés.

(2) Elle était composée de MM. Victor Lefranc, président, Valentin Smith, secrétaire, Giraud, de Watteville, de Lurieu, Durand-Saint-Amand, Bailleux, de Marizy, Blanche, Nicolas.

(3) Elle se composait de MM. de Watteville, Romand, Claveau, Bucquet, inspecteurs généraux des établissements de bienfaisance, et Durangel, chef du service administratif. Ce dernier fut le rapporteur de la commission ; M. de Watteville fut choisi comme président.

rapport qui parut en 1862 concluait énergiquement contre le tour. C'est après la publication de ce travail que les derniers tours furent supprimés.

## II.

L'admission à bureau ouvert remplaça, nous l'avons dit, l'admission par le tour. L'enquête de 1860 nous fournit de nombreux renseignements sur la manière dont se pratiquait ce nouveau mode d'admission dans les différents départements, et sur la composition des bureaux. Nous ne croyons pas pouvoir mieux faire que de citer sur ce point le passage complet du rapport :
« Quant aux enfants trouvés proprement dits, ils sont
« ordinairement reçus à l'hospice dépositaire par un
« bureau d'admission composé de trois ou de cinq
« membres, parmi lesquels siègent, suivant les locali-
« tés, les administrateurs de l'établissement déposi-
« taire et du bureau de bienfaisance, l'inspecteur dé-
« partemental, le préposé du service, un ecclésiastique,
« la supérieure de la maison ou une religieuse délé-
« guée par elle. Le sous-préfet ou le maire préside
« quelquefois le bureau d'admission. Dans l'Yonne on
« y voit figurer les procureurs impériaux. Ici, une re-
« ligieuse seule ou assistée de l'économe représente
« tout le bureau ; là, des préposés laïques sont exclu-
« sivement chargés du service. Les heures pendant
« lesquelles fonctionne le bureau varient suivant les
« départements, le plus souvent il ne reçoit les dépo-
« sants que le jour. L'enquête en signale cependant
« qui restent ouverts à partir du soir jusqu'à minuit,
« mais on comprend que la commission qui le forme

« ne siège pas pendant toute la durée des heures ré-
« glementaires. En fait, elle n'intervient que pour
« enregistrer la déclaration de la religieuse ou du
« préposé, recueillir les renseignements et transmettre
« les pièces avec son avis au préfet, qui prononce.
« Jusque-là, en effet, l'admission n'est que provisoire
« et peut être révoquée.

« Ces dispositions sont celles dont l'application est
« la plus générale.

« Dans trente départements, toutefois, les admis-
« sions, sauf le cas d'urgence qui partout est réservé,
« n'ont lieu qu'en vertu d'arrêtés préalables du pré-
« fet. C'est à lui que s'adressent directement les auto-
« rités locales et il statue après avis de l'inspecteur.
« Ce mode a l'avantage de prévenir beaucoup d'abus ;
« on ne saurait se dissimuler qu'en procédant autre-
« ment, l'administration en est souvent réduite à ré-
« gulariser des admissions qui sont l'œuvre d'agents
« subalternes, et qui une fois autorisées à titre provi-
« soire doivent presque forcément devenir défini-
« tives ».

Seulement il serait à désirer que tous les départements entrassent dans cette voie, sans quoi l'avantage
signalé par les commissaires enquêteurs sera toujours à
peu près illusoire. Avec l'état de choses actuel, les filles-
mères qui veulent abandonner leur enfant, ne pouvant
le faire dans leur département parce qu'on se montre
difficile pour les admissions, vont faire leurs couches
dans un département voisin, où l'on se montre plus
facile. Elles présentent leur enfant nouveau-né, elles-
mêmes sont sans ressources ; l'enfant est admis, puis
en vertu des règles du domicile, de secours, mis à la

charge du département où la mère avait son domicile avant ses couches. Il serait donc important que l'on arrivât, dans la matière qui nous occupe, à une législation uniforme, afin que certains départements n'aient pas à souffrir de la trop grande facilité donnée pour les abandons dans les départements voisins.

Nous venons de parler du domicile de secours, il ne sera pas déplacé, croyons-nous, d'indiquer brièvement ici les règles qui régissent la matière (1).

Les difficultés que soulève la question du domicile de secours ont été résolues législativement par un décret du 24 vendémiaire, an II. L'article 1 du décret définit le domicile de secours le lieu où l'homme nécessiteux *a droit* aux secours publics. Cette disposition avait été édictée sous l'empire de la constitution de 1793, d'après laquelle la société devait la subsistance aux citoyens malheureux, soit en leur procurant du travail, soit en assurant des moyens d'existence à ceux qui étaient hors d'état de travailler. Maintenant on est revenu sur ce point à des doctrines plus saines, et il est bien reconnu que le domicile de secours n'implique qu'une aptitude à être secouru. Il n'y a pas de droit au secours pour le nécessiteux, il y a seulement une faculté pour la charité publique de le secourir.

Cette remarque faite, recherchons quel est le domicile de secours des enfants trouvés et abandonnés. La question est importante : ce que nous avons dit plus haut à propos des bureaux d'admission suffit amplement à le démontrer ; nous ne voulons y ajouter

---

(1) *Bulletin officiel du Ministère de l'Intérieur*, 1851, p. 96 et suiv. Règles du domicile de secours, par M. Elie de Biran, *Revue d'administration*. Mars 1884.

qu'une seule considération : c'est qu'il est intéressant pour les départements qui possèdent de grands centres de population, lesquels attirent quantité d'aventuriers, de gens menant une vie nomade et misérable, de ne pas garder à leur charge les frais occasionnés par tous les enfants qui peuvent venir à naître sur leur territoire.

D'après la loi de vendémiaire, an II, le domicile de secours s'acquiert : 1° par la naissance ; 2° après 21 ans, par un an de résidence dans la même commune. De là résulte, que le seul domicile de secours que puissent avoir les enfants assistés, est celui de leur naissance. Mais il faut appliquer ici la présomption posée par la loi de vendémiaire dans son article 35, présomption d'après laquelle le lieu de naissance d'un enfant est le *domicile habituel* de la mère au moment de l'accouchement. Que doit-on entendre par ces mots domicile habituel ? Est-ce le domicile de secours ? Nous ne le pensons pas. Sans quoi c'eût été aussi simple pour le législateur d'employer le terme domicile de secours que le terme domicile habituel. De plus si nous supposons, et c'est ce qui arrive fort souvent, une femme menant une vie nomade et n'ayant jamais habité la même commune pendant une année entière ; comme le domicile de secours est au lieu de la naissance tant qu'il n'a pas été acquis ailleurs, il faudrait mettre l'enfant à la charge du département où est née la mère, ce qui dans bien des cas serait peu équitable (1).

A notre avis, la question ne comporte pas de solu-

(1) La jurisprudence administrative a décidé que, si une fille vient à Paris dans le but d'y cacher sa grossesse et de s'y fixer après ses couches, Paris doit être considéré comme le lieu de son domicile habituel, et son

tion absolue. On devra dans chaque cas particulier se décider d'après les circonstances de fait.

La règle d'après laquelle le domicile de secours de naissance de l'enfant est au lieu du domicile habituel de sa mère au moment de l'accouchement, reçoit exception dans trois cas :

1° Les femmes aliénées traitées dans les asiles et les femmes détenues, ne sont pas censées avoir leur domicile habituel dans la commune ou est situé l'asile ou la prison. L'enfant aura son domicile de secours là où sa mère avait son domicile habituel au moment de la séquestration ou de la détention.

2° Quand une femme n'a pas de domicile fixe connu, le domicile de secours de l'enfant est au lieu où il est né. (Enfant Guitard ou Laborde, Corrèze, Lot-et-Garonne, Gironde. Décision du ministre de l'intérieur du 7 novembre 1861.)

3° Les enfants d'étrangers quoique nés sur le territoire français n'y acquièrent pas par ce fait le domicile de secours (1). Par contre, les enfants nés à l'étranger de parents français ont en France un domicile de secours de naissance, qui est au lieu de la résidence habituelle de leur mère avant son départ pour l'étranger.

L'autorité chargée de prononcer sur les demandes d'admission peut prendre trois partis :

1° Refuser tout secours, 2° mettre l'enfant d'une

---

enfant doit dès lors y avoir droit au domicile de secours. L'administration de la Seine a protesté contre cette doctrine qui, d'après elle, favorise la fraude. — LAURENT. *L'état actuel de la question des enfants assistés.*

(1) Des conventions faites avec les pays étrangers, mettent à la charge de ces pays les frais de rapatriement des enfants. Cette convention n'existe pas avec l'Allemagne.

façon complète à la charge de la charité publique,
3° le laisser à sa mère qui touchera pour son entretien
un secours mensuel.

Nous n'avons rien à dire de la première hypothèse ;
la seconde nous conduit à parler des hospices dépositaires ; la troisième du secours à domicile.

*Des hospices dépositaires.* C'est là que sont placés
provisoirement les enfants que l'administration prend
pour le tout à sa charge. Nous disons provisoirement,
car pour eux l'hospice ne doit être qu'un lieu de
passage où ils sont nourris et soignés, en attendant
qu'on puisse les placer chez des nourrices ou des nourriciers à la campagne.

Dès que l'enfant est admis dans l'hospice, son
arrivée et tous les renseignements qui y sont relatifs
sont consignés sur un registre tenu à cet effet. La circulaire de 1823 prescrivait de les nommer, cette règle,
depuis la suppression du tour est, on le comprend, d'une
application bien moins fréquente. Les noms donnés à
chaque enfant, ajoute la circulaire, doivent être tels
que s'il n'y en a que deux, le premier soit considéré
comme un nom de baptême et que l'autre devienne
pour l'enfant qui le reçoit, un nom de famille trans-
missible à ses propres descendants. La circulaire
recommande en outre que : les enfants soient baptisés
et élevés dans la religion de la majorité des citoyens
(1), sauf les exceptions qui seraient autorisées dans
certaines localités; qu'ils soient vaccinés dès leur
arrivée à l'hospice, à moins que l'état de leur santé ou
leur prompt départ pour la campagne ne s'y oppose

_______

(1) La circulaire dit la religion de l'État.

Aux termes du décret de 1811, il devait y avoir un hospice dépositaire par arrondissement. D'après l'enquête de 1860, depuis 1811 jusqu'au jour de l'enquête 301 hospices dépositaires avaient fonctionné; 290 furent désignés lors de la promulgation du décret, et 10 en devinrent dépositaires que postérieurement.

Peu à peu, le plus souvent sur la demande des conseils généraux alarmés de la progression constante des abandons et des dépenses, les hospices dépositaires furent supprimés; le rapporteur de la commission d'enquête de 1860 n'en accuse plus que 168. De ce nombre, il faut retrancher certains hospices qui ne recevaient pas toutes les catégories d'enfants, ce qui l'abaissait à 155. La réouverture des hospices de Saint-Mihiel, Provins et Meaux et l'annexion de Nice et de la Savoie le ramenèrent à 168. Nous n'avons pu trouver de combien il est actuellement, ce que nous pouvons dire, c'est que s'il y a eu des changements c'est plutôt dans le sens de la diminution, car les tendances de l'administration ont toujours été de centraliser le service. (1)

On s'est élevé avec force contre cette suppression successive des hospices dépositaires. On a dit que la concentration des dépôts créait au profit des plus rapprochés et en particulier des grands centres de population une flagrante inégalité de fait; que la mère qui habite la campagne est obligée ou de faire de suite un long voyage, ce qui peut compromettre sa santé; ou d'attendre qu'elle soit guérie, ce qui l'expose à révéler son secret; ou de se faire aider, ce qui lui donne un

(2) En tout cas depuis l'annexion, suite de la guerre de 1870, il faut décompter les hospices de Metz, Strasbourg, Colmar et Mulhouse.

confident qui peut la trahir ; ou de se défaire de son enfant, ce qui la livre aux tribunaux ; ou en dernière analyse de garder son enfant, ce qui est un bien au point de vue moral, mais ce qui la place dans une infériorité relative (1).

Ces considérations ont perdu beaucoup de leur force depuis que le système de l'admission à bureau ouvert s'est généralisé, et que grâce aux chemins de fer les transports s'effectuent rapidement et dans d'assez bonnes conditions. Nous ne nous associerons donc pas à ces critiques. Comment d'ailleurs faire cesser l'inégalité signalée ? Ne serait-elle pas plus fragrante encore si on plaçait les hospices dépositaires dans les campagnes, loin des grands centres qui chez nous fournissent incontestablement la plus grande proportion d'enfants assistés. De plus, cette translation des hospices dépositaires à la campagne nécessiterait des dépenses considérables, qu'on ne saurait affronter en présence des lourdes charges qui pèsent déjà sur le budget des enfants assistés.

Si le présent état de choses crée une inégalité, c'est de département à département. Il y en a qui ont plusieurs hospices dépositaires, tandis que les voisins n'en ont qu'un seul. Encore passe si cette différence tenait au chiffre de la population, ou à des considérations économiques sérieuses ; mais il est constant qu'elle n'a d'autre raison d'être que l'existence antérieure des hospices, ou la volonté des préfets et des conseils généraux. A ce point de vue, il serait nécessaire de reviser la législation, de régulariser la situa-

(1) De Tourdonnet, l. c.

tion des hospices dépositaires ; et de revenir, c'est notre sentiment, à la disposition de l'article 22 du décret de 1811, d'après lequel un règlement d'administration publique devait déterminer le nombre et par conséquent la position des hospices destinés à recevoir les enfants assistés.

*Du secours à domicile.* — Le secours à domicile est le complément de l'admission à bureau ouvert ; c'est le secours à la mère qui consent à garder son enfant.

La théorie du secours à domicile repose sur ce fait d'expérience que sur 100 enfants abandonnés 70 l'ont été avant qu'ils eussent atteint l'âge d'un an et sur ces 70, 50 alors qu'ils n'avaient pas encore quinze jours. De là cette conclusion que si l'on pouvait pendant cette période prévenir les abandons, le nombre des enfants trouvés serait notablement diminué ; le meilleur moyen pour parvenir à ce résultat était d'assurer à la mère un secours qui la couvrît d'une partie au moins des dépenses qu'elle ferait pour son enfant (1).

La première idée du secours à domicile se trouve dans un décret de la Convention (2) qui accorde un secours à une fille qui avait déclaré vouloir nourrir et soigner son enfant. Nous en retrouvons la trace en 1837 dans un rappport présenté au roi par le ministre de l'intérieur. Après avoir signalé les abus constatés dans la matière qui nous occupe, et les moyens jusque-là employés pour y remédier, le ministre con-

(1) D'HAUSSONVILLE, l. c.

(2) Considérant qu'il importe à la régénération des mœurs, à la propagation des vertus, à l'intérêt public, d'encourager les mères à remplir elles-mêmes le devoir sacré d'allaiter et de soigner leurs enfants....

clut que tout en reconnaissant la nécessité des hospices dépositaires et tout en propageant les réformes tentées jusqu'alors; il serait bon de remplacer par un système de secours à domicile pour la mère, le secours que l'on donne à l'enfant dans l'hospice, et de payer à la mère les mois de nourrice qu'on paie à une nourrice étrangère. Depuis ce temps-là, l'idée a fait des progrès, et le secours à domicile est actuellement le mode d'assistance universellement employé. La loi du 5 mai 1869 en le rangeant parmi les dépenses extérieures est venue lui donner la sanction légale qui lui avait manqué jusque-là.

Ici encore nous demanderons qu'une loi vienne régler d'une façon uniforme, non pas le taux du secours mensuel, car on comprend qu'il soit fixé dans chaque département eu égard aux ressources dont on y dispose; mais au moins la forme sous laquelle il y sera donné, et le temps pendant lequel il devra durer. Tout cela varie d'un département à l'autre. Nous n'en donnerons que quelques exemples. A Paris, le secours à domicile revêt trois formes : 1° Secours en argent donné directement à la mère. — 2° Bons de nourrice délivrés aux personnes qui justifient qu'elles ne peuvent nourrir leur enfant à cause de leurs occupations. — 3° Secours d'orphelins, secours en argent attribué à des collatéraux qui se chargent d'orphelins pauvres. En province, on rencontre toujours la première, mais rarement les deux autres (1).

(1) Les secours d'orphelins existent dans le département de Meurthe-et-Moselle. Ce secours est de 10 fr. par mois pendant la première année, puis de 9 fr. jusqu'à douze ans. Le secours ordinaire est aussi de 10 fr. pour la première année, mais n'est plus que de 7 fr. pour les autres jusqu'à la douzième.

Dans certains départements le secours n'est concédé que pour un an, sauf renouvellement périodique après enquête; dans d'autres, l'arrêté préfectoral fixe dès le principe la durée du secours à trois ou quatre ans.

Quoi qu'il en soit de ces différences qu'il serait aisé de faire cesser, nous dirons avec les commissaires enquêteurs de 1860, qu'en général les règlementations départementales prévoient tous les cas; que les situations dignes de pitié sont seules assurées de l'aide prévoyant de l'administration (1). Au contraire de ce qu'ont paru craindre quelques personnes, le désordre n'a à espérer aucun encouragement, et les abus ne peuvent que bien rarement se produire (2).

### III

Le tour est supprimé c'est vrai, mais il compte encore de nombreux partisans. Dans un livre, d'ailleurs fort remarquable (3), M. le docteur Brochard, bien connu par ses travaux sur l'enfance, s'est fait le champion de l'institution, et de plus a présenté au Sénat une pétition dans laquelle il réclame, entre autres choses, le rétablissement des tours; cette pétition, sur le rapport de M. Bérenger (4), a été renvoyée

(1) Ainsi dans presque tous les départements, si la situation de la mère vient à s'améliorer, si elle envoie son enfant mendier ou si elle mendie elle-même, si elle nourrit un autre enfant avec le sien, ou si autorisée à le confier à une nourrice étrangère, elle se place elle-même comme nourrice, le secours cesse ipso facto.

(2) Sauf de rares exceptions, les filles qui deviennent mères pour la première fois, ont seules droit au secours.

(3) *La vérité sur les enfants trouvés.*

(4) La commission se composait de MM. Taillefert, président; baron d'Alexandry, secrétaire; Gayot, de Belcastel, Théry, Bérenger, général

au ministre de l'intérieur et au garde des sceaux.
Nos assemblées législatives ont été directement saisies
de la question par deux propositions de loi tendant
au rétablissement des tours, et déposées l'une sur le
bureau de la Chambre des députés par M. de Lacretelle, en 1877, et l'autre sur le bureau du Sénat par
M. Bérenger, en 1878 (1). En outre, il semble que
l'administration supérieure soit disposée à entrer dans
cette voie, car on annonce qu'actuellement le ministre
de l'intérieur prépare une circulaire aux préfets relative aux conditions d'admission, de réception et de
dépôt des enfants abandonnés, dans les établissements
de l'assistance publique. La circulaire, paraît-il, invi-
tera les préfets à donner des ordres pour que les enfants abandonnés soient reçus désormais sans aucune
formalité. On espère ainsi, dit le journal auquel nous
empruntons cette nouvelle, à défaut du rétablissement
des tours, augmenter le nombre des dépôts et diminuer celui des infanticides (2).

Voyons donc quels sont les reproches que l'on
adresse au système actuellement pratiqué. On lui en
fait deux principaux qui peuvent se formuler ainsi :

1° Le remplacement du tour par le secours à domicile n'a pas eu d'autre cause que le motif, peu avouable,
de réaliser une économie qui a entraîné de véritables

Boissonnet, Fayolles, vicomte de Rodez-Bénavent. Le rapport a été déposé
le 23 février 1877.

(1) *Journal officiel* de 20 mai 1877 (projet de M. de Lacretelle), *Journal
officiel* du 5 avril 1878 (projet de M. Bérenger).

(2) *Mémorial des Vosges* du 14 août 1881. Nous ne pouvons nous prononcer sur cette circulaire qui n'a pas encore paru ; il nous semble cependant que la mesure qu'elle doit préconiser n'est en somme qu'une
demi-mesure et comme telle mauvaise.

hécatombes d'enfants et a coûté au pays une diminution notable de population.

2° Depuis la suppresssion du tour, le nombre des
crimes contre l'enfance a considérablement augmenté,
parce que n'étant plus assurée du secret, la femme
est forcément conduite à l'infanticide et à l'avortement.

Examinons successivement ces deux griefs :

1° La moyenne de mortalité des enfants assistés est
sans doute fort considérable encore à l'heure présente ; mais nous croyons qu'elle le serait plus
si tous les enfants passaient par l'hospice. Si nous
consultons sur ce point les documents officiels fournis
par le département du Rhône, celui sur lequel
M. Brochard raisonne, nous trouvons que la moyenne
des décès de 1868 à 1871 pour les enfants, de la naissance à un an, placés par l'administration est de
49,96 p. 100, tandis que la moyenne des décès des
enfants allaités ou placés par leur mère n'est pour la
même période que de 31,07 p. 100 (1) ; soit 18,89 p. 100
de différence en faveur du système du secours à domicile.

Le tableau suivant, emprunté aux rapports de
M. l'inspecteur départemental du département des
Vosges, nous fournit, pour la mortalité pour cent des
enfants secourus temporairement et des élèves des

______

(1) Communiqué envoyé par la préfecture du Rhône au journal la *Dé-
centralisation*, le 6 août 1873. A ce communiqué, M. Brochard n'a trouvé
qu'une seule réponse à faire, c'est que les chiffres de 31 et 49 p. 100 sont
monstrueux pour un service qui coûte au département plus de 600,000 fr.
Cela est vrai, mais n'infirme en rien notre proposition, à savoir que le
système du secours à domicile est plus protecteur de la vie de l'enfant
que le tour.

hospices pendant l'année 1871-1880, des résultats concluants en notre faveur.

| ANNÉES. | Secourus temporairement. | Élèves des hospices au-dessous de 12 ans. | Élèves des hospices au-dessus de 12 ans. |
|---|---|---|---|
| 1871 | » | 1,77 | 4,31 |
| 1872 | » | 1,91 | 1,79 |
| 1873 | » | 1,43 | » |
| 1874 | » | 0,46 | 0,24 |
| 1875 | » | 1,61 | 0,23 |
| 1876 | 0,67 | 1,30 | 1,67 |
| 1877 | » | 0,66 | 1,03 |
| 1878 | » | » | » |
| 1879 | 0,87 | 1,67 | 1,44 |
| 1880 | 1,61 | 1,16 | 0,20 |

La statistique de mortalité pour le département de la Nièvre en 1879 et 1880 vient également confirmer notre affirmation. La moyenne des décès pour les enfants assistés y est de 6,76 %, tandis que la moyenne des décès des enfants secourus n'est que de 3,35 %.

M. Brochard affirme dans son livre que la suppression du tour a fait augmenter le chiffre des mort-nés ; de 4 pour cent en 1853, il était, dit-il, en 1871 de 20 pour cent. Nous ne nous arrêterons pas à remarquer que l'année 1871 n'est pas une année ordinaire qui puisse être prise pour type, que c'est l'année de la guerre et des mortalités exceptionnelles qui en sont toujours la suite ; mais nous voulons relever une erreur de calcul importante. Le nombre des mort-nés n'a pas été en 1871 de plus de 20 pour cent, mais de plus du vingtième des naissances. Il est facile de s'en convaincre à l'aide des chiffres fournis par M. Brochard lui-même. En 1853 il y a eu 43,752 mort-nés sur 967,894 naissances, c'est-à-dire 4,5 pour cent ; et en 1871, 50,315 mort-nés sur 826,121 naissances, c'est-à-dire 6,09 pour cent ; en tout une augmentation de 1,5 pour cent. Ce n'est pas là l'accroissement énorme dont parle M. Brochard.

Quant à l'économie qu'on reproche à l'administration d'avoir voulu réaliser, elle nous paraît fort avouable, car en somme elle ne porte que sur les abus ; on en était arrivé en effet avec la grande facilité des abandons à ce résultat, que des parents mettaient leurs enfants à la charge de la charité publique, non parce qu'ils étaient dans l'impossibilité de les élever, mais simplement parce qu'ils les gênaient. Selon nous la véritable charité, la philanthropie sérieuse ne consiste pas à faire du bien à tort et à travers et les yeux fermés ; en faisant ainsi elle manque son but et ne sert qu'à encourager le vice. Elle consiste à donner à ceux qui ont réellement besoin, et si faire se peut, dans la limite de leurs besoins. D'ailleurs, si on a pensé à l'origine réaliser une économie, actuellement on a absolument abandonné cette idée. Le chiffre des dépenses des enfants assistés va en effet tous les jours en augmentant. En 1872, il était de 8,177,718 francs pour les enfants assistés proprement dits, et de 2,599,444 francs pour les enfants secourus temporairement ; et en 1877 il s'est élevé à 8,651,859 francs pour les enfants assistés, et 3,698,268 francs pour les enfants secourus temporairement (1).

(1) *Annuaire statistique de la France*, 1881. L'année 1877 est la dernière

La moyenne du secours mensuel n'a fait qu'augmenter depuis l'introduction de ce mode d'assistance. Le calcul fait jusqu'en 1869 donne les résultats suivants :

A l'origine le secours était de 4 à 5 francs par mois.

En 1860 il était de 7$^f$,26 par mois pour la 1$^{re}$ année.
— de 6$^f$,38 — — 2$^e$ —
— de 5$^f$,77 — — 3$^e$ —

En 1869 il était de 8$^f$,93 par mois pour la 1$^{re}$ année.
— de 7$^f$,34 — — 2$^e$ —
— de 6$^f$,95 — — 3$^e$ —
— de 6$^f$,69 — — 4$^e$ —
— de 6$^f$,86 — — 5$^e$ —

Loin donc de chercher à faire des économies, l'administration applique le secours de la manière la plus large, mais en mettant tous ses soins à ce que la fraude ne puisse s'introduire.

2° Passons au deuxième grief, on se rappelle que nous l'avons formulé de la façon suivante : depuis la suppression du tour, le nombre des crimes contre l'enfance a considérablement augmenté, parce que n'étant plus assurée du secret, la mère est forcément conduite à l'infanticide et à l'avortement.

Si sur ce point, nous consultons la statistique depuis qui figure dans cet annuaire. Voici la progression des dépenses des enfants assistés de 1873 à 1876.

| ANNÉES. | ASSISTÉS. | SECOURUS. |
| --- | --- | --- |
| 1873 | 8304456 | 2992994 |
| 1874 | 844768 2 | 3485379 |
| 1875 | 8233572 | 3169092 |
| 1876 | 8200818 | 3317443 |

1853, elle nous fournit les indications que résume le tableau qui suit (1).

| PÉRIODES. | CRIMES contre l'enfance. |
|---|---|
| 1853-1856 | 2169 |
| 1857-1860 | 2116 |
| 1861-1864 | 1934 |
| 1865-1868 | 1715 |
| 1872-1875 | 1678 |
| 1876-1879 | 1593 (2) |

On voit par là que la proportion des crimes contre l'enfance est en diminution constante depuis vingt ans : mais alors même que cette proportion irait en augmentant rien ne serait moins logique que d'attribuer ce résultat à la suppression des tours. Pour le démontrer, recherchons qu'elle peut être l'influence du tour sur les infanticides et les avortements.

*Influence du tour sur les infanticides.* — Le tour ne peut jamais être d'un secours réellement efficace pour

(1) LACROIX, l. c.

(2) Le chiffre de 1593 se décompose ainsi :

| ANNÉES. | INFANTICIDES. | AVORTEMENTS. | CRIMES contre L'ENFANCE. | TOTAUX. |
|---|---|---|---|---|
| 1876 | 216 | 27 | 214 | 457 |
| 1877 | 204 | 25 | 174 | 403 |
| 1878 | 184 | 19 | 173 | 376 |
| 1879 | 182 | 13 | 162 | 357 |
| TOTAUX. | 786 | 84 | 723 | 1593 |

*Journal officiel* du 9 avril 1881. Rapport au Président de la République sur l'administration de la justice criminelle en France et en Algérie.

la femme qui seule mérite pitié et assistance, c'est-à-
dire pour celle qui a été victime d'une séduction.
« Celle-là, dit M. le docteur Delore (1), a dissimulé sa
« grossesse, elle est seule, elle n'a pas de complice, elle
«'tue son enfant pour l'empêcher de crier ; elle le fait
« disparaître dans les lieux d'aisances, dans la cave ou
« dans le jardin. Le porter au tour, elle n'en a pas la
« force ; et puis elle craint les voisins et la rumeur
« publique ; elle ne peut songer du reste à le garder
« vivant et à le cacher pendant huit jours. » « Un
« magistrat, dit M. Frédéric Passy (2), m'a offert de
« mettre à ma disposition les dossiers d'affaires d'in-
« fanticide ; et il m'a assuré que j'en trouverais bien
« difficilement une, de loin en loin, dans laquelle l'exis-
« tence du tour eût pu empêcher le crime. » Allant
plus loin, nous prétendons que le tour est la cause d'infanticides qu'on pourrait appeler involontaires parce
que l'action de la mère n'y est plus aussi immédiate. Supposons en effet, une fille qui, dès qu'elle se sent enceinte,
forme la résolution de porter son enfant au tour. Il
lui faudra dissimuler sa grossesse, accoucher en secret,
prendre pour tout cela des précautions nuisibles à la
vie de l'enfant. Celui-ci viendra au monde rachitique
et malingre, on lui fera alors supporter un voyage
assez long pour le conduire au tour ; et malgré les
bons soins dont il sera entouré dès son entrée à l'hospice. il mourra le plus souvent dans la première année
de son exposition.

(1) Dans une brochure intitulée la *Vérité sur les tours,* analysée par
M. Frédéric Passy, dans son discours sur le rétablissement des tours au
conseil général de Seine-et-Oise, le 28 avril 1879.
(2) Dans le discours que nous venons de citer.

*Influence du tour sur les avortements.* — A l'argument que nous avons tiré de la statistique et qui, pour les avortements spécialement, permet de constater que depuis 1855 les avortements diminuent et sont maintenant de 3 pour cent au dessous du maximum; on répond qu'il y en a une infinité que l'on ne connaît pas. Cela est vrai peut-être ; mais comment raisonner sur l'inconnu ? Si l'augmentation signalée par les partisans du tour a pu exister c'est, ainsi qu'on l'a dit très justement, une augmentation de pénalité, non de criminalité. Depuis 15 ans, on a créé 830 nouvelles brigades de gendarmerie, le nombre des commissaires et agents de police a été triplé, par conséquent beaucoup de crimes qui jusque-là avaient échappé à l'action de la justice ont dû se trouver atteints.

Que si maintenant nous recherchons le rapport qu'il peut y avoir entre la fermeture du tour et le chiffre des avortements, nous répondrons sans hésitation, avec M. le docteur Delore que nous avons déjà cité : « Aucun ». Quand une femme se décide à se faire avorter, ce qu'elle veut éviter c'est sa grossesse même, la gêne ou la honte qui en résulte pour elle; ce ne serait pas la perspective de mettre dans six ou sept mois son enfant au tour qui pourrait l'arrêter. Du reste, la catégorie des femmes qui portent leurs enfants au tour, n'est pas du tout la même que celle des femmes qui se font avorter. « Les femmes qui aban-
« donnent leurs enfants à l'assistance publique sont
« pour la plupart celles qui n'ont pas de moyens suf-
« fisants pour payer un avortement, ou que la honte
« ne touche guère ; pour celles qui ont recours à la
« suppression de la grossesse, il leur serait facile en

« général, si elles y tenaient, de placer leur enfant
« moins mal ; mais c'est l'enfant encore une fois, et la
« grossesse même qu'elles veulent supprimer » (1).

Le tour ne peut donc faire diminuer le chiffre des
infanticides et des avortements, si on le rétablit, ce
chiffre augmentera au contraire. De plus, la mortalité
des enfants nouveau-nés redeviendra ce qu'elle était
lorsqu'il existait, c'est-à-dire 85 et 90 p. %. Maintenant, au contraire, d'après un travail statistique
établi par M. le docteur Vacher, sur 50 départements
elle est au-dessous de 50 p. % pour les élèves des hospices, et de 20 p. % environ pour les enfants secourus chez les filles-mères.

Du reste, M. le docteur Brochard et M. Bérenger,
l'auteur du projet de loi soumis au Sénat, reconnais-
sent que dans les campagnes, l'assistance telle qu'elle
est actuellement pratiquée, donne de bons résultats.
Mais où ils sont détestables, d'après eux, c'est dans
les centres industriels. Il faut avouer en effet que là,
la mortalité des enfants est grande. En serait-il autrement si le tour était rétabli ? Nous ne le croyons pas.
Sans doute il y a quelque chose à faire ; et c'est grand
honneur à M. Brochard d'avoir signalé à l'attention
publique l'excessive mortalité qui frappait, et qui dans
certaines villes frappe encore les enfants assistés, de
la naissance à un an. Mais ce n'est pas dans le sens
qu'il indique que des améliorations doivent se produire. Le mal qu'il signale tient à des causes variées
dont l'une des principales est, croyons-nous, que dans
les villes industrielles le secours étant insuffisant, la

(1) Frédéric Passy, l. c.

mère est obligée de retourner trop tôt à la fabrique sous peine de ne plus pouvoir se nourrir et par conséquent son enfant. Cette remarque faite en 1862 à Mulhouse, par M. Jean Dolfus, le conduisit à imposer à celles de ses ouvrières qui venaient d'accoucher l'obligation de rester chez elles pendant deux mois après leurs couches, pendant ce temps elles touchaient leur salaire ordinaire. En 1866, les chefs de huit établissements de Mulhouse se réunirent et fondèrent sur cette base une association qui fonctionne actuellement sous le nom *d'association des femmes en couches de Mulhouse*. Cette association se compose maintenant de 1,980 membres et distribue des secours à près de 250 accouchées par an. Nous tenons de la bienveillance de M. le président de l'association, son règlement et la statistique de la mortalité depuis 1866. Cette année-là, elle fut, pour les enfants illégitimes de 39,65 p. $^o/_o$ dans les six premiers mois de leur première année, de 3,44 p. $^o/_o$ dans les six derniers mois. En 1879, elle n'était plus que de 19,56 p. $^o/_o$ dans la première période, par contre, elle avait un peu haussé pour la seconde, elle s'était élevée à 8,70 p. $^o/_o$. La moyenne générale de 1866 à 1879 est de 20,81 p. $^o/_o$ dans les six premiers mois et de 8,76 p. $^o/_o$ dans les six derniers (1).

Voilà certes une œuvre fort utile à l'enfance assistée, et le gouvernement rendrait grand service à leur cause en encourageant par tous les moyens possibles

(1) Nous regrettons de ne pouvoir nous étendre davantage sur cette œuvre fort intéressante. Nous avons seulement voulu donner ici un aperçu des excellents résultats obtenus. — V. Lefort. *La mortalité des enfants nouveau-nés en France et à l'étranger*.

la formation de semblables associations dans nos centres industriels.

Nous n'ajouterons plus qu'une dernière réflexion. Rétablir le tour dans toute la France, parce que dans certaines villes industrielles le secours à domicile ne donne pas les bons résultats qu'on pourrait espérer, serait un remède pire que le mal. Les rétablir seulement dans ces villes, serait y faire affluer immédiatement tous les enfants du département, des départements limitrophes et même des pays voisins.

Nous concluons donc contre le tour (1). On doit lui préférer le système actuel, à condition qu'on l'améliore, surtout quant au tarif du secours mensuel qui est en général trop peu élevé; et aussi à cette condition, que la charité privée vienne largement seconder dans cette œuvre éminemment sociale la charité pu-

---

(1) On a souvent dit qu'en prescrivant l'établissement de tours où les enfants pourraient être déposés, le législateur de 1811 s'était mis en contradiction avec les articles du code pénal qui punissent l'abandon d'enfants. C'est une erreur, dont la jurisprudence a du reste fait justice. Pour qu'il y ait lieu à l'application des peines prononcées par les articles 349 à 352 du code pénal, il faut qu'il y ait eu non seulement exposition de l'enfant, mais encore délaissement. Ceux qui auront exposé et *délaissé* en un lieu solitaire, dit l'article 349; ceux qui auront exposé et *délaissé* en un lieu non solitaire, dit l'article 352. La Cour de cassation appelée à interpréter ce dernier article, s'exprime ainsi dans son arrêt : Attendu que ces expressions (exposé et délaissé) ne peuvent être considérées comme synonymes l'une de l'autre, mais au contraire comme représentant des idées différentes. — Attendu que le fait du délaissement ajouté comme aggravation au fait de l'exposition emporte l'idée d'abandon, c'est-à-dire *de la cessation de toute surveillance sur l'enfant exposé et par conséquent de l'impossibilité de le secourir dans les dangers qui peuvent être la suite de l'exposition* (19 juillet 1838. S. 38. 1. 750 et 13 déc. 1843. S. 44. I. 327). Cette cessation de la surveillance, cette impossibilité de porter secours ne se produisent pas quand on porte un enfant au tour.

blique dont l'action, sans le secours de la première, sera toujours incomplète (1).

APPENDICE.

Les maladies d'enfants, comme toutes autres d'ailleurs, peuvent se ranger en deux grandes classes : celles qui exigent un traitement interne, c'est-à-dire donné à l'intérieur de l'hôpital ; celles qui exigent un traitement externe, c'est-à-dire donné sans qu'il soit nécessaire que l'enfant séjourne à l'hospice.

Des médecins qui s'occupent spécialement de l'enfance, ont fait valoir dans ces derniers temps les nombreux inconvénients physiques, moraux et économiques que présente le traitement interne. Au point de vue physique, ils ont fait remarquer qu'il y a le danger de la contagion des maladies transmissibles et en tout cas de l'infection de l'air de l'hospice ; au point de vue moral, qu'il y a inévitablement relâchement des sentiments de famille ; au point de vue économique que la journée d'un enfant à l'hôpital coûte deux francs à l'assistance publique, tandis que la journée d'un enfant secouru ne lui coûte qu'un franc (à Paris). Ils ont conclu qu'il fallait développer autant que faire se pourrait le traitement externe.

C'est dans le but de donner une solution pratique à cette idée que M. le docteur Gibert créa au Havre, avec l'aide de personnes riches de sa clientèle, un dispensaire des enfants malades, dont il nous paraît

(1) Voyez notamment en faveur des tours : MM. de Tourdonnet, docteur Brochard, l. l. c. c. Et contre les tours : MM. Pallu, F. Passy, d'Haussonville, docteur Pénard, Lacroix, Semichon, l. l. c. c. Enquêtes de 1849 et 1860.

intéressant de dire ici quelques mots, parce qu'il est pour les enfants malades le complément nécessaire du secours à domicile.

Le point par lequel se singularise l'œuvre de M. Gibert, c'est que non seulement on donne gratuitement au dispensaire les consultations et les médicaments, mais qu'il est encore un lieu de traitement des plus complets pour toutes les maladies externes. Il y a plus, M. Gilbert a joint à son établissement une cuisine destinée à fournir gratuitement à ses jeunes malades, une saine alimentation.

Toute excellente que cette œuvre puisse paraître, elle a rencontré un antagoniste dans M. le docteur Marjolin qui, pénétré des dangers que présentent pour les enfants les logements insalubres, demande au contraire que les hôpitaux soient plus nombreux et plus largement ouverts, particulièrement aux enfants. Loin de nous la pensée de vouloir en pareille matière opposer notre autorité à celle de M. le docteur Marjolin ; nous croyons cependant avec M. Gibert, qu'un logement insalubre est moins à redouter que l'infection des salles d'hôpital.

M. le ministre de l'intérieur a bien compris tous les services que sont appelés à rendre, dans les grandes villes surtout, les dispensaires organisés sur le modèle de celui du Havre. Aussi, à la date du 25 janvier 1884 (1), il a envoyé aux préfets une circulaire dans laquelle, tout en déplorant que son département ne dispose d'aucun crédit pour le développement de cette institution, il les invite à faire part aux admi-

_______

(1) *Journ. offi.* du 31 janvier 1884.

nistrations charitables et aux municipalités des résultats obtenus par l'initiative privée. « Elles pour- « ront, dit M. Constans, y trouver d'utiles renseigne- « ments ; je compte également, ajoute-t-il, pour « l'étude de cette nouvelle forme d'assistance, sur le « dévouement éclairé des administrations des hos- « pices et des hôpitaux. » Espérons que la voix de M. le ministre sera entendue, et que, grâce à l'ini- tiative de philanthropes, imitateurs de M. le docteur Gibert, des dispensaires d'enfants malades ne tarde- ront pas à fonctionner dans nos grands centres de population. Ce serait là encore un excellent moyen, bien préférable au rétablissement des tours, pour diminuer la mortalité des enfants assistés (1).

(1) Voyez sur le dispensaire du Havre le rapport de M. le docteur Foville, inspecteur général des services administratifs, du 22 novem- bre 1880 dans le *Journal officiel* du 7 février 1881. Nous empruntons à ce rapport, et à ceux que M. Gibert adresse annuellement aux souscrip- teurs de son œuvre, et qu'il a bien voulu nous communiquer, les chiffres contenus dans le tableau qui va suivre, et qui permettent de se rendre compte des résultats remarquables obtenus depuis 1875, époque de la fondation du dispensaire. L'année commence au 1er novembre.

| ANNÉES. | Nombre des enfants soignés. | Nombre des moyens d'actions médicatrices | Dépenses de chaque année. | Prix de revient moyen par enfant. | Prix moyen par journée de traitement. |
|---|---|---|---|---|---|
| 1875–76 | 580 | » | 10799 75 | 18 62 | 0 46 |
| 1876–77 | 1165 | 9900 | 9341 » | 8 02 | 0 32 |
| 1877–78 | 1456 | 9720 | 9508 75 | 6 53 | 0 26 |
| 1878–79 | 1462 | 13661 | 9082 » | 6 21 | 0 26 |
| 1879–80 | 1574 | 10780 | 8677 55 | 5 51 | 0 22 |
| 1880–81 | 1660 | 10895 | 8849 15 | 5 33 | 0 25 |

Il peut arriver qu'un même enfant soit traité la même année de plu- siéurs maladies différentes. Ainsi pour l'année 1879-80 le nombre d'en- fants soignés, a été de 1574, mais le nombre de maladies traitées a été de 1693. Pour l'année 1880-81, le nombre d'enfants soignés a été de 1660, mais le nombre des maladies traitées a été de 1881.

# CHAPITRE III

## Du placement des enfants assistés en nourrice, en sevrage, ou en garde.
## Des nourrices, sevreuses et gardeuses.

I. Placement des enfants en nourrice, en sevrage ou en garde, d'après la loi du 23 décembre 1874. — II. Comment on se procure les nourrices, des bureaux de nourrices, des meneurs et meneuses. — III. Obligations imposées aux nourrices, sevreuses ou gardeuses, sanction. — IV. Surveillance des nourrices, sevreuses ou gardeuses. — V. Résultats produits par la loi du 23 décembre 1874.

L'article 7 du décret de 1811 disposait : que les enfants devaient être placés en nourrice aussitôt que faire se pourrait; jusque-là, ils devaient être nourris au biberon ou même au moyen de nourrices sédentaires résidant à l'hospice. L'hospice ne doit donc être pour l'enfant qu'un lieu de passage où il doit séjourner le moins longtemps possible; la raison en est facile à saisir : c'est que le séjour prolongé de l'enfant à l'hospice, lui est nuisible à tous égards : « nuisible au point de vue de la santé, nuisible au « point de vue de son éducation pratique, nuisible « au point de vue de son avenir. » Ainsi s'exprime la circulaire de 1869 rappelant sur ce point les prescriptions du décret de 1811 (1).

(1) La commission de 1849 avait songé à formuler cette obligation

Le décret de 1811 était muet sur les obligations et les devoirs des nourrices ; cette lacune fut comblée, mais en partie seulement, par la circulaire de 1823. C'est une loi récente qui a donné la réglementation complète. Cette loi est du 23 décembre 1874, on l'appelle : loi sur la protection des enfants du premier âge, et aussi loi Roussel, du nom de l'honorable docteur Théophile Roussel, à l'initiative duquel elle est due.

L'article 1er indique le but de la loi, les personnes auxquelles elle s'adresse. Il est ainsi conçu : Tout enfant âgé de moins de deux ans, qui est placé moyennant salaire en nourrice, en sevrage ou en garde hors du domicile de ses parents, devient par ce fait l'objet d'une surveillance de l'autorité publique, ayant pour but de protéger sa vie et sa santé. Dans cet article deux choses sont à remarquer : 1° l'âge de deux ans comme limite légale de la protection spéciale instituée en faveur du premier âge. — 2° l'adjonction à la catégorie des enfants en nourrice, d'une catégorie appelée enfants en sevrage ou en garde.

On nous permettra de citer les motifs de la commission sur chacun de ces deux points.

1° « La commission s'est moins préoccupée d'une « définition scientifique du premier âge, que d'une « délimitation pratiquement utile de la période pen- « dant laquelle la vie de l'enfant n'est pas encore « entourée de toutes les garanties communes. Dans « le langage habituel, le premier âge correspond à la

sous forme de prescription impérative. L'enfant, disait-elle, sera mis en nourrice, en sevrage ou en pension dans les 72 heures du dépôt, à moins qu'un avis spécial du médecin ne prescrive un délai plus long.

« durée de l'allaitement qui est le plus généralement
« d'environ douze mois. Mais l'étude des faits a
« démontré qu'en enfermant la loi dans cette limite,
« on laisserait sans protection un grand nombre d'en-
« fants qui en ont le plus urgent besoin. »

2° « Dans tous les grands centres les enfants dont
« les mères travaillent, ne sont reçus à la salle d'asile
« qu'après la deuxième année révolue. Jusqu'à ce
« moment, ils n'ont contre le délaissement d'autre
« refuge que les crèches, lesquelles n'ont reçu en 1872
« que 1539 enfants à Paris et 2266 dans la France en-
« tière (1). Ainsi s'explique ce nombre si considéra-
« ble, encore incalculé et inconnu, d'enfants en bas
« âge qu'on trouve réunis et entassés dans ces misé-
« rables demeures qui tiennent lieu de crèches, que
« l'on nomme des garderies ou des maisons de se-
« vrage............... Le nombre des maisons de
« sevrage soumises à l'inspection de la police est
« considérable, mais il est beaucoup au-dessous du
« nombre réel. En regardant de plus près, nous avons
« pu nous convaincre que les établissements connus
« de la police échappent presqu'aussi complètement
« à la surveillance que ceux qui lui sont inconnus (2).

« Tout ce que nous avons pu constater et aperce-
« voir par la suite, nous a donné la conviction que le
« bienfait de la loi serait perdu pour beaucoup de
« nourrissons livrés à l'allaitement artificiel dans les

______

(1) L'institution des crèches s'est depuis beaucoup étendue.

(2) La préfecture de police n'avait à cette époque que deux inspecteurs
des maisons de santé du département de la Seine. Une des deux circons-
criptions comptait 544 établissements, dont 108 maisons de sevrage ; l'autre 270 établissements dont 65 maisons de sevrage.

« pires conditions, si cette loi ne pénètre pas dans ces
« milieux malsains des garderies et des maisons de
« sevrage où, faute de surveillance, tous les règlements
« administratifs sont impunément violés en même
« temps que les règles de l'hygiène et les devoirs les
« plus élémentaires de l'humanité (1). »

Ces préliminaires exposés, étudions les dispositions
de la loi du 23 décembre 1874.

## I.

Les obligations imposées à celui qui place un enfant
en nourrice, en sevrage ou en garde sont indiquées
par l'article 7 de la loi du 23 décembre 1874 : « Toute
« personne qui place un enfant en nourrice, en se-
« vrage ou en garde, moyennant salaire, est tenue sous
« les peines portées par l'article 346 du code pénal,
« d'en faire la déclaration à la mairie de la commune
« où a été faite la déclaration de naissance de l'en-
« fant et de remettre à la nourrice ou à la gardeuse
« un bulletin contenant un extrait de l'acte de nais-
« sance de l'enfant qui lui est confié. » La déclaration
est inscrite sur un registre spécial qui doit être tenu
dans les mairies. Ce registre est coté, paraphé et
vérifié tous les ans par le juge de paix. Chaque année,
il adresse au procureur de la République, qui le transmet au préfet, un rapport sur les résultats de sa véri-
fication. Dans le cas où le registre n'existerait pas ou
serait tenu irrégulièrement, le maire est passible de

(2) *Journ. off.*, 27 juillet 1874. Rapport de M. Th. Roussel.

la peine portée à l'article 50 du code civil, c'est-à-dire d'une amende qui ne peut excéder 100 francs. (Art. 10 de la loi du 23 déc. 1874.)

La déclaration doit être signée du déclarant et contenir les énonciations suivantes :

1° Les nom et prénoms, le sexe, la date et le lieu de naissance de l'enfant. Quand il s'agit d'enfants assistés, les deux derniers renseignements peuvent ne pas être connus ; lorsque l'enfant a été trouvé exposé sur la voie publique. Dans ce cas nous pensons qu'on doit énoncer la date approximative de la naissance, ce qui en général est assez facile, et le lieu où l'enfant a été trouvé.

2° S'il est baptisé ou non.

3° Les nom, prénoms, profession et domicile des parents. Dans l'hypothèse que nous envisagions plus haut, ces énonciations doivent être sans doute remplacées par la désignation de l'hospice dépositaire ou le nom de l'inspecteur départemental qui place l'enfant.

4° Les nom, prénoms et domicile de la nourrice, sevreuse ou gardeuse à laquelle l'enfant est confié.

5° Les conditions du contrat intervenu avec la nourrice, sevreuse ou gardeuse. (Règlement d'administration publique du 27 fév. 1877, tit. II, sect. 1$^{re}$, art 21.) En outre le déclarant doit produire le carnet délivré à la nourrice, le maire y transcrit les indications énoncées ci-dessus, sauf celles du n° 4. (Art. 22 du règlement précité.)

Le maire a encore d'autres devoirs à remplir qui varient suivant les cas. Quatre cas peuvent se présenter ; nous en trouvons l'énumération dans l'instruction générale du 15 juillet 1877, titre II, section 1^re, que nous citons textuellement.

*1° L'enfant né dans la commune où a lieu la déclaration doit être placé en nourrice dans la même commune.* — Dans ce cas, la mission du maire se borne à recevoir la déclaration conformément à l'article 21 du règlement du 27 février 1877, et à envoyer dans les trois jours une copie de cette déclaration au médécin inspecteur de la circonscription. (Art. 24 du règlement du 27 fév. 1877.)

*2° L'enfant né dans la commune où est faite la déclaration doit être envoyé en nourrice dans une autre commune.* — Le maire transmet alors copie de la déclaration dans les trois jours. au maire de la commune où l'enfant doit être conduit. (Art. 23, règ. du 27 fév. 1877.) C'est alors à celui-ci qu'incombe l'obligation de prévenir le médecin inspecteur. (Art. 24, règ. du 27 fév.)

*3° L'enfant est placé en nourrice dans la commune où est faite la déclaration, mais il n'y est pas né.* — Le maire de la commune où ont eu lieu tout à la fois la déclaration et le placement doit en aviser son collègue de la commune de naissance et prévenir en même temps le médecin comme il a été dit ci-dessus.

*4° L'enfant n'est pas né, et il ne doit pas être placé dans la commune où est faite la déclaration.* — Dans cette hypothèse l'administration municipale de trois communes est également intéressée à connaître la déclaration, et le maire de la commune où elle a été enregistrée doit immédiatement aviser ses deux collègues.

Toute personne qui plaçant un enfant en nourrice,

en sevrage ou en garde, n'aurait pas fait les déclarations
prescrites est passible des peines portées à l'article 346
du Code pénal, c'est-à-dire d'un emprisonnement de six
jours à six mois et d'une amende de 16 francs à
300 francs. En outre elle tombe, ainsi que le maire qui
aurait manqué à l'une de ses obligations, sous le coup
de l'article 13 de la loi du 23 décembre 1874, qui
punit d'une amende de 5 à 15 francs toute infraction à
ses dispositions et aux règlements d'administration
publique qui s'y rattachent.

Ajoutons, puisque l'occasion s'en présente et pour ne
plus être obligé d'y revenir, que le même article 13
déclare applicables à tous les cas prévus par la loi
du 23 décembre 1874, les dispositions de l'article
463 du Code pénal sur les circonstances atténuantes,
et celles des articles 482 et 483 du même Code sur la
récidive.

## II.

C'est au bureau de l'inspecteur départemental que
viennent se faire inscrire les femmes qui veulent se
placer comme nourrices. Cependant dans certaines
grandes villes, on s'en procure aussi à des établissements que l'on nomme bureaux de nourrices (1), ou

---

(1) A Paris, il y avait avant le 22 novembre 1876, époque où elle fut
supprimée, une direction municipale des nourrices, dite bureau Saint-Apol-
linaire. Elle procurait des nourrices, dont elle garantissait le salaire, aux
enfants des femmes qui ne pouvaient en tout ou en partie faire les frais
de leur nourriture. D'après un rapport de M. le docteur Thulié au conseil
municipal en 1876, ce bureau coûta en 1874, 798684 fr. 65 c. auxquels il
avait été fait face à l'aide d'une subvention municipale de...   563400 »
et de bons de secours fournis par l'administration
hospitalière pour............................................ 233284 65
Les fonctions remplies par ce bureau ont été confiées aux agents des
enfants assistés. (Art. 1, loi du 22 nov. 1876.)

par des agents qui s'appellent meneurs ou meneuses.

Les règles relatives à ces bureaux ainsi qu'aux meneurs et meneuses, sont portées par l'article 6 de la loi du 23 décembre 1874 ; le titre II, 3e section du règlement d'administration publique du 27 février 1877, et le titre II, 3e section de l'instruction générale du 15 juillet 1877. Mais avant de les indiquer, nous voulons retracer en quelques lignes l'historique des bureaux de nourrices, des meneurs et des meneuses.

Le premier acte législatif qui a réglé en France le service des nourrices est une ordonnance du roi Jean en date du 30 janvier 1350. Cette ordonnance constate l'existence d'une direction de nourrices confiée à des *recommanderesses* (1). Le recrutemeut des nourrices, déjà à cette époque, se faisait par des agents appelés meneurs. C'étaient des individus, hommes ou femmes, qui après avoir réuni un nombre suffisant de nourrices, les amenaient dans des voitures au bureau des recommanderesses d'où ils les ramenaient dans leur village quand elles avaient été pourvues d'un nourrisson. Un arrêt de 1611 défendait aux meneurs sous peine d'amende et de punition corporelle en cas de récidive, de conduire les nourrices ailleurs qu'au bureau des recommanderesses. Par le même arrêt, il était également fait défense aux sages-femmes et aubergistes de recevoir, loger, ou louer des nourrices.

De 1611 à 1715 des lettres patentes de Louis XIII et Louis XIV confirmèrent ces dispositions et en ajoutèrent d'autres. Elles obligèrent notamment les recom-

---

(1) Nom sous lequel on désignait les femmes tenant un bureau de placement.

manderesses à tenir un registre paraphé par le lieutenant de police et visé tous les mois par un commissaire du Châtelet. Ce registre devait contenir tous les renseignements relatifs aux nourrices et à leurs nourrissons.

Malgré les précautions prises, des abus considérables s'étaient produits; car nous voyons Louis XV dans la déclaration de Compiègne du 28 juin 1769 ne plus autoriser à Paris qu'un seul bureau de recommanderesses, au lieu de quatre qui existaient auparavant.

En 1821, des plaintes graves s'élevaient contre la direction des nourrices; le conseil général des hospices sous la surveillance duquel elle était placée se prononça pour une réorganisation. Les meneurs furent remplacés par des préposés chargés de recruter les nourrices, de les expédier chaque mois sous la garde d'une surveillante ou d'un conducteur de leur choix, de les surveiller à leur retour et de les payer quatre fois par an. L'effet de ces mesures fut absolument le contraire de celui qu'on attendait. Les meneurs fondèrent des bureaux particuliers dans lesquels la clientèle afflua; ces bureaux, peu surveillés, fournirent de mauvaises nourrices et la mortalité des enfants augmenta.

En 1828, une ordonnance de police, confirmée en 1842, cette dernière inspirée par un vœu du conseil général des hospices de 1833, prescrivit à ceux qui tenaient des bureaux de nourrices d'avoir un registre dans lequel ils consigneraient les renseignements sur la nourrice, le nourrisson et les parents de celui-ci.

Arrivons maintenant à la loi de 1874 et aux différents règlements qui l'ont complétée.

Pour ouvrir un bureau de nourrices, pour exercer la profession de placer des enfants en nourrice, en sevrage ou en garde, il faut en demander l'autorisation (1) au préfet du département où l'on a son domicile. Cette demande doit faire connaître les départements dans lesquels on se propose de prendre ou de placer des nourrices ; elle est communiquée aux préfets des départements intéressés. Avant de prendre son arrêté d'autorisation, le préfet doit s'informer de la moralité du demandeur et faire examiner les locaux affectés aux nourrices et aux enfants ; ou les voitures destinées au transport des nourrices et de leurs nourrissons, s'il s'agit de meneurs ou de meneuses.

L'arrêté préfectoral détermine les conditions particulières auxquelles le permissionaire est astreint dans l'intérêt de la salubrité, des mœurs et de l'ordre public. Il doit être affiché dans l'intérieur des locaux, ainsi que les prescriptions imposées par la loi aux directeurs de bureaux, meneurs et meneuses ; à peine d'une amende de 5 à 16 francs.

Toute personne qui exercerait sans autorisation la profession de directeur de bureaux de nourrices, ou d'intermédiaire pour les placements, est punie d'une amende de 16 à 100 francs et en cas de récidive d'un emprisonnement qui ne peut dépasser cinq jours; sans préjudice de l'amende portée par la loi de 1874 pour toute infraction à ses dispositions.

(1) L'autorisation a dû être redemandée par ceux qui tenaient des bureaux lors de la publication de la loi. (Art. 3. Règ. du 27 fév. Titre II. Section 3.)

Les directeurs de bureaux et les logeurs de nourrices sont tenus d'avoir un registre coté et paraphé à Paris et à Lyon par le commissaire de police de leur quartier et dans les autres communes par le maire. Sur ce registre doivent être inscrits les nom, prénoms, profession, domicile, date et lieu de naissance de la nourrice, le nom et la profession de son mari.

Il leur est interdit, ainsi qu'aux meneurs et aux meneuses, de s'entremettre pour placer les nourrices qui n'auraient pas les pièces dont nous parlerons plus loin et qui sont mentionnées aux articles 26, 27, 28 et 30 du règlement du 27 février 1877. En outre, les meneurs ne doivent pas reconduire dans les communes les nourrices avec leurs nourrissons, si elles ne sont pas munies de ces pièces.

Enfin, aux termes de l'article 6 de la loi du 23 décembre 1874 les bureaux de placement et tous les intermédiaires qui s'emploient au placement des enfants en nourrice, en sevrage ou en garde sont tous soumis à la même surveillance que les nourrices, sevreuses et gardeuses (1). Le refus de se prêter aux visites des personnes autorisées à les faire, est puni d'une amende de 5 à 15 francs. Dans le cas où ce refus est accompagné d'injures ou de violences la peine de un à cinq jours d'emprisonnement peut être prononcée.

Les préfets jouissent dans la matière qui nous occupe d'un pouvoir discrétionnaire qui leur permet de refuser leur autorisation, ou s'il en est besoin de retirer l'autorisation accordée. « A l'aide de votre

_________

(1) Infrà IV.

« sanction, dit le ministre aux préfets dans son ins-
« truction générale du 15 juin 1877, le retour des
« anciens abus ne sera plus à craindre. » Nous ne parta-
geons pas sur ce point la confiance de M. de Fourtou;
nous croyons que tant qu'il y aura des bureaux de
nourrices, tant qu'il y aura des meneurs et des
meneuses, on aura à déplorer des abus et des abus
très graves. Tous ces agents sont trop intéressés
à placer le plus grand nombre possible de nourrices,
pour qu'ils apportent dans le recrutement tout le soin
désirable et pour qu'ils ne se prêtent pas à toutes les
fraudes qu'on pourra imaginer.

III.

Les obligations dont nous avons à parler ici sont de
deux sortes : I° Celles imposées à la femme qui veut
prendre un enfant en nourrice, en sevrage ou en
garde. II° Celles imposées aux nourrices, sevreuses ou
gardeuses quand elles ont obtenu un enfant.

I°.— La femme qui veut prendre chez elle un enfant
en nourrice, en sevrage ou en garde, doit se munir de
deux certificats émanant : l'un du maire de sa commune, l'autre d'un médecin. (Art. 27 et 31. Règ. du
27 fév. 1877. Tit. II. Sect. 2.)

L'article 28 (ibid.) est relatif au certificat du maire.
Il y est dit que le certificat délivré par le maire doit
être revêtu du sceau de la mairie et contenir les indications suivantes :

1° Nom, prénoms, signalement, domicile et profession de la nourrice, date et lieu de naissance.

2° État civil de la nourrice, nom, prénoms et profession de son mari.

3° Date de la naissance de son dernier enfant, et si cet enfant est vivant. — Le certificat indiquera si le mari a donné son consentement; il contiendra les renseignements que pourra fournir le maire sur la conduite et les moyens d'existence de la nourrice, sur la salubrité et la propreté de son habitation. Il contiendra la déclaration de la nourrice, qu'elle est pourvue d'un garde-feu et d'un berceau (1). Sur l'interpellation du maire, la nourrice déclarera si elle a déjà élevé un ou plusieurs enfants moyennant salaire, elle indiquera l'époque à laquelle elle a été chargée de ces enfants, la date et la cause des retraits et si elle est restée munie des carnets qui lui ont été précédemment délivrés. Le maire mentionnera la réponse de la nourrice.

Le certificat médical, dit l'article 29 (ibid.), est délivré par le médecin inspecteur, ou à défaut de médecin inspecteur habitant la commune où réside la nourrice, par un docteur en médecine ou par un officier de santé. Il peut également être délivré dans la commune où la nourrice vient prendre l'enfant; il est dûment légalisé et visé par le maire. Il doit attester :

1° Que la femme remplit les conditions désirables pour élever un nourrisson. S'il s'agit de sevreuses ou gardeuses, le certificat n'a pas besoin de mentionner l'aptitude d'allaitement au sein (art. 31, ibid.).

---

(1) Cette prescription était déjà formulée dans l'ordonnance du roi Jean dont nous avons parlé. — Une sentence rendue en chambre de police à une date que l'on ne peut pas préciser, mais qui se place entre 1727 et 1757, obligeait les nourrices, sous peine de 100 livres d'amende, à avoir un berceau, afin de ne pas faire coucher leurs nourrissons avec elles.

2° Qu'elle n'a ni infirmités, ni maladies contagieuses, qu'elle a été vaccinée.

Si une déclaration ou une énonciation contenue dans les certificats est reconnue fausse, le certificateur, outre l'amende portée par l'article 13 de la loi, est puni d'un emprisonnement de un mois à six mois (art. 8, loi du 23 déc. 1874, renvoyant à l'art. 155, 1° C. p.).

En outre, la nourrice, sevreuse ou gardeuse doit se munir d'un carnet (art. 27 et 31. Règ. du 27 fév. 1877), qui d'après l'article 30 du même règlement, est délivré gratuitement, à Paris par le préfet de police ; à Lyon par le préfet du Rhône ; dans les autres communes, par le maire. La nourrice peut l'obtenir soit dans la commune où elle réside, soit dans celle où elle vient chercher un enfant. Dans ce dernier cas, elle doit produire le certificat du maire de sa commune ; le règlement a voulu par là éviter à la nourrice les frais et les retards que lui aurait occasionnés, en cas d'oubli, la nécessité de retourner à la commune d'origine. La nourrice doit se pourvoir d'un carnet nouveau chaque fois qu'elle prend un nouveau nourrisson.

Le carnet contient le certificat du maire et le certificat médical, il est disposé pour recevoir les mentions suivantes :

1° L'extrait de l'acte de naissance de l'enfant, la date et le lieu de son baptême, les noms, profession et demeure des parents, ou des ayants droit à défaut de parents connus. La date et le lieu de la déclaration faite en exécution de l'article 7 de la loi.

2° La composition de la layette remise à la nourrice.

3° Les dates des paiements des salaires. (Le paiement des mois de nourrice est garanti par un privilège qui prend rang entre le 3° et le 4° de l'art. 2101 du Code civil. — Loi du 23 déc. 1874, art. 14.)

4° Le certificat de vaccine.

5° Les dates des visites du médecin inspecteur et des membres des commissions locales avec leurs observations.

6° Les déclarations prescrites par l'article 9 de la loi.

Le carnet reproduit le texte des articles du Code pénal, du règlement d'administration publique et du règlement particulier fait en exécution de l'article 12 de la loi, qui intéressent directement les nourrices, sevreuses ou gardeuses, les intermédiaires et les directeurs de bureaux de placement.

Il contient en outre des notions élémentaires sur l'hygiène du premier âge (1).

II°. — Lorsque la nourrice, sevreuse ou gardeuse a obtenu un enfant, elle doit en faire la déclaration à la mairie de la commune de son domicile dans les trois jours de l'arrivée de l'enfant et y remettre le bulletin contenant l'extrait de l'acte de naissance de l'enfant, qui doit lui être délivré aux termes de l'article 7. (Loi du 23 déc. 1874.)

En cas de changement de résidence, elle doit faire la même déclaration à la mairie de sa nouvelle résidence.

(1) Les pièces dont nous venons de parler sont celles à défaut desquelles il est interdit aux directeurs de bureaux de nourrices ou à leur agents de procurer des nourrissons à des nourrices (art. 36, Règ. du 27 fév. 1877). — Voyez pour la forme et la disposition du carnet, le modèle n° 4 aux annexes, dans la brochure intitulée : *Protection des enfants du premier âge*, publiée par le ministère de l'intérieur.

Elle doit également déclarer, et dans le même délai le retrait de l'enfant par ses parents, ou la remise de l'enfant à toute autre personne, pour quelque cause qu'elle ait lieu.

Enfin, si l'enfant vient à mourir, elle doit en déclarer le décès dans les vingt-quatre heures.

Le tout à peine de l'amende portée par l'article 13 de la loi du 23 décembre 1874, et d'un emprisonnement de six jours à six mois, d'une amende de 16 à 300 francs conformément à l'article 346 du Code pénal. (Art. 9. Loi du 23 déc. 1874.)

Toutes ces déclarations sont inscrites par le maire sur un registre spécial qui doit être tenu et visé comme celui dont nous avons parlé au premier paragraphe de ce chapitre.

Si l'enfant n'a pas été vacciné, la nourrice, sevreuse ou gardeuse doit faire procéder à cette opération dans les trois mois de la remise de l'enfant. (Art. 32. Règ. du 27 fév. 1877.) C'est aux maires qu'est dévolu le soin de veiller à ce que cette prescription reçoive son application.

La nourrice, sevreuse ou gardeuse ne peut sous aucun prétexte se décharger, même temporairement, du soin d'élever l'enfant qui lui a été confié, à moins d'une autorisation écrite du maire après avis du médecin inspecteur. (Art. 32 ibid.)

Il n'est pas non plus permis à la nourrice de se charger de plus d'un nourrisson, à moins qu'elle n'y ait été autorisée spécialement et par écrit par le médecin inspecteur, ou à son défaut par un docteur en médecine ou un officier de santé. (Art. 25 ibid.) Les sevreuses ou gardeuses ne peuvent se charger de plus de

deux enfants à la fois, à moins d'une autorisation spéciale et écrite donnée par la commission locale, ou à
son défaut par le maire.

Toute infraction à ces dispositions tombe sous le
coup de l'article 13 de la loi du 23 décembre 1874.

Il est expressément interdit aux nourrices, sevreuses
ou gardeuses :

De coucher l'enfant dans leur propre lit.

D'avoir des animaux domestiques dans la pièce où
est le berceau.

De tenir la lumière trop près du berceau.

Si par suite de la contravention de la nourrice à
ces dispositions, ou d'une négligence quelconque de
sa part, il vient à résulter un dommage pour la santé
de l'enfant, elle pourra être condamnée à un emprisonnement de un à cinq jours.

Si le décès de l'enfant s'en est suivi, il y aura lieu
d'appliquer les peines portées à l'article 319 du Code
pénal pour l'homicide par imprudence ; c'est-à-dire
un emprisonnement de trois mois à deux ans et une
amende de 50 à 600 francs. (Art. 11, § 4 et 5. Loi du
23 déc. 1874.)

Enfin la nourrice, sevreuse ou gardeuse, lorsqu'elle
veut rendre l'enfant confié à ses soins avant qu'il lui
soit réclamé, doit en prévenir le maire (1).

______________

(1) Mentionnons pour être complet sur le point qui vient de nous
occuper les dispositions d'une circulaire ministérielle du 24 décembre 1866
qui prescrit à toute municipalité de charger de la constatation des décès,
un médecin qui doit procéder à un examen tout particulier lorsqu'il s'a-
git d'enfants nouveau-nés. Malheureusement cette circulaire est restée à
peu près lettre morte, surtout dans les communes rurales qui, à cause du
peu de ressources dont elles disposent, ne peuvent le plus souvent payer
les frais de cette visite.

## IV.

La loi du 23 décembre 1874 a dû nécessairement se préoccuper de faire respecter les prescriptions qu'elle imposait aux nourrices, sevreuses ou gardeuses.

Pour cela, elle les a soumises à une surveillance spéciale et à une surveillance générale.

La surveillance spéciale est exercée par les commissions locales, les médecins inspecteurs, les inspecteurs départementaux.

La surveillance générale est exercée par le préfet assisté d'un conseil départemental.

Au-dessus de ces deux degrés, se place un comité supérieur de protection des enfants du premier âge institué près du ministre de l'intérieur.

Nous allons revenir en détail sur l'organisation de ce service de surveillance.

*Des commissions locales.* — Elles sont créées dans les communes où le préfet juge nécessaire de les instituer. Il jouit du reste à cet égard d'un pouvoir absolument discrétionnaire. Le maximum des membres de cette commission est fixé par l'arrêté préfectoral qui l'institue. En tout cas, elle comprend nécessairement : le maire, président, deux mères de famille, le curé (s'il y en a plusieurs, c'est le plus élevé en grade, et à égalité de grade le plus ancien titulaire) ; et dans les communes où siège un conseil presbytéral ou un consistoire israélite, un délégué de chacun de ces conseils. Tous ces membres sont nommés et révoqués par le préfet. Le médecin inspecteur est convoqué aux séances de la commission de la circonscription, il y a voix con-

sultative (1). La commission est libre de choisir son
secrétaire. D'après le projet primitif, l'instituteur
faisait partie de droit de la commission avec fonctions
de secrétaire ; le conseil d'État tout en approuvant ce
choix en principe, a cependant pensé qu'il était bon
de prévoir le cas où la désignation de l'instituteur ne
serait pas possible; c'est pourquoi, il a été entendu
dans la discussion que la commission resterait libre
de nommer son secrétaire. Il est procédé à cette nomination dans la séance ordinaire du mois de janvier de
chaque année.

Les séances des commissions doivent être tenues à
la mairie, elles ont lieu au moins une fois par mois.
Il leur est recommandé de fixer dès le début de chaque
année le jour des séances, pour permettre au médecin
inspecteur de distribuer ses occupations de façon à
pouvoir y assister.

La commission peut aussi se réunir extraordinairement sur la convocation du maire, ou sur la demande soit
du médecin inspecteur, soit d'un de ses membres.
Dans ce cas, les convocations doivent être adressées au
moins un jour à l'avance.

Les procès-verbaux des séances, signés par tous les
membres, sont transcrits sur un registre tenu par le
secrétaire. Ce registre est divisé en deux parties ;
l'une contient les délibérations et décisions de la
commission, l'autre les noms et adresses de toutes les

______

(1) A Paris et à Lyon, il doit y avoir une commission dans chaque
arrondissement municipal et il peut leur être attaché, avec voix consul-
tative, des visiteurs rétribués. Cette adjonction peut être également faite
dans d'autres communes où besoin en serait, sur la proposition du préfet.
Le traitement des visiteurs est fixé par le ministre de l'intérieur. (Règ. du
24 fév. 1877. Titre I. Section 1re. Art. 4.)

nourrices, sevreuses ou gardeuses de la commune, les noms des enfants qui leurs sont confiés et la date des visites faites par les membres de la commission.

Ce registre est visé tous les mois par le médecin inspecteur. (Art. 41. Titre III. 3e section. Règ. du 27 février 1877.)

Le maire doit répartir également entre tous les membres, les enfants à surveiller. Il doit faire en sorte de confier à chacun d'eux les enfants placés dans son voisinage, ce qui rend les visites plus faciles et partant plus fréquentes. Si un enfant arrive dans la commune dans l'intervalle de deux séances, il en attribue provisoirement la surveillance à l'un des membres.

Dans ses visites, le membre délégué doit constater l'état de propreté de l'enfant, l'entretien de la layette, examiner sous le rapport de la salubrité et de l'aération la chambre où il couche. Il lui faut aussi s'enquérir du genre de vie de la nourrice et de sa famille, tant au point de vue matériel que moral. Lors des réunions, il rend compte à la commission des faits qu'il a constatés dans ses visites périodiques. Si celle-ci juge que la vie ou la santé d'un enfant est compromise, elle prononce le retrait du nourrisson ; le maire alors prévient l'administration et la met en demeure de reprendre l'enfant. En cas d'urgence, sur l'avis de la commission, le maire peut effectuer immédiatement le retrait et placer l'enfant chez une autre personne. En tout cas ces mesures sont purement provisoires, la décision définitive étant réservée par le règlement au préfet, qui doit être prévenu par le maire dans les vingt-quatre heures. Si le péril est imminent, le président de la commission peut de sa propre initiative prendre les mesures qu'il juge nécessaires, à charge par lui d'en prévenir dans les vingt-quatre heures la commission locale, le médecin inspecteur, le préfet et l'administration.

Tous les ans, la commission envoie au préfet un rapport sur l'ensemble de ses travaux ; rapport dans lequel elle doit désigner les nourrices qui méritent une mention particulière pour les soins donnés aux enfants.

Dans les communes où il n'a pas été institué de commissions, le maire en exerce les pouvoirs (1).

*Des médecins inspecteurs.* — Les médecins inspecteurs sont nommés par le préfet.

Ils doivent se transporter au domicile de la nourrice, sevreuse ou gardeuse pour y voir l'enfant, dans la huitaine du jour où ils sont prévenus de son arrivée par le maire.

Après chaque visite, le médecin inspecteur vise le carnet de la nourrice et y consigne ses observations. Puis il transmet au maire un bulletin qui doit être communiqué à la commission locale. Ce bulletin indique la date et les résultats de sa visite ; en cas de décès, la date et les causes du décès doivent y être mentionnées (2).

Le médecin inspecteur doit rendre compte au préfet et au maire des faits par lui constatés dans ses visites, qui mériteraient de leur être signalés ; et adresser au

(1) Voyez pour tout ce qui concerne les commissions locales : Loi du 23 déc. 1874. Art. 2, § 6. Règ. du 27 fév. 1877. Tit I. Section 1re et Instruction générale du 15 juin 1877. Titre I, Section 1re.

(2) Voyez page 175 à la note.

membre de la commission spécialement chargé de l'enfant, les observations que lui suggère sa première visite.

Il est obligé de tenir un registre en 7 colonnes dans lesquelles il inscrit :

1° Les nom, prénoms, profession et adresse des nourrices, sevreuses ou gardeuses.

2° La date des certificats du maire et du médecin, et du carnet délivré à la nourrice.

3° Les nom, prénoms, sexe et état civil de l'enfant ainsi que la date et le lieu de sa naissance.

4° La date de son placement.

5° La date et le résultat de ses visites personnelles ; la date et le motif des visites des médecins étrangers.

6° La date et les causes du retrait de l'enfant, ou du décès s'il a eu lieu chez la nourrice.

7° Les observations concernant l'enfant et la nourrice, sevreuse ou gardeuse (1).

*Des inspecteurs départementaux.*—Il était nécessaire, à cause de la nature même de ses fonctions, d'associer l'inspecteur départemental à l'œuvre nouvelle. Le « fonctionnement des nouveaux comités, et de l'ins- « pection médicale, dit M. le docteur Roussel (2) en « s'étendant sur le service des enfants assistés, pou- « vait faire naître des conflits avec l'inspection parti- « culière de ce service ». C'est pourquoi, afin d'éviter les tiraillements, on a associé l'inspecteur départe- mental à la surveillance.

(1) Voyez L. du 23 déc. 1874, Art. 5. Règ. du 27 fév. 1877. Tit. I, Sect. 2e, et Ins. gén. du 15 juin 1877, Tit. I, Sect. 2e.

(2) Rapport concernant l'application de la loi du 23 décembre 1874 présenté au ministre de l'intérieur. *Journ. off.* du 18 avril 1880.

Aux termes de l'instruction générale du 15 juin 1877, les inspecteurs départementaux doivent centraliser tous les documents relatifs à la surveillance, et exercer sur l'ensemble du service un contrôle général. Tous les ans, ils présentent au préfet un travail dont les éléments sont constitués par les notes qu'ils prennent dans leurs tournées périodiques, les procès-verbaux des commissions locales, et les rapports des médecins inspecteurs (1).

*Du Comité départemental.* — Il se compose de deux membres du conseil général désignés par ce Conseil ; dans le département de la Seine, du directeur de l'assistance publique ; dans les autres, de l'inspecteur du service des enfants assistés ; de six autres membres nommés par le préfet, dont un pris parmi les médecins membres du comité départemental d'hygiène publique et trois parmi les administrateurs de sociétés légalement reconnues qui s'occupent de l'enfance, ou parmi les membres des commissions administratives des hospices.

Les membres du comité départemental sont désignés pour trois ans. Ils peuvent être renommés.

Le comité élit un président et un secrétaire. Il se réunit au moins une fois par mois ; il peut de plus être convoqué extraordinairement par son président, par le préfet, ou d'office sur la demande d'un de ses membres.

Ses attributions sont consultatives ; on lui communique les rapports des commissions locales, des médecins inspecteurs et des inspecteurs départementaux.

(1) Voyez Règl. du 27 fév. 1877. Tit. I. Sec. 3e, et Inst. gén. du 15 juin 1877. Tit. I. Sect 3e.

Il est consulté quand il s'agit d'instituer des commissions locales et en général toutes les fois que s'élève une question grave et intéressant le service (1).

*Du Comité supérieur.* — Institué près du Ministre de l'Intérieur, il a pour mission de réunir et de coordonner les documents transmis par les comités départementaux, et d'adresser chaque année au ministre un rapport sur les travaux de ces comités.

En font partie : un membre de l'Académie de médecine désigné par cette Académie ; les présidents des sociétés protectrices de l'enfance de Paris, de la société de charité maternelle et de la société des crèches, et sept autres membres nommés par décret du Président de la République.

V.

Il n'est malheureusement pas possible encore de se rendre un compte absolument exact des résultats produits par l'application de la loi du 23 décembre 1874. Les causes de cette difficulté sont indiquées dans le rapport concernant l'application de la loi, présenté au Ministre de l'Intérieur au nom du comité supérieur par M. Théophile Roussel, l'un des vice-présidents (2) ; et nous en voyons deux principales :

La première, c'est que dans presque tous les départements l'action préfectorale a fait défaut, les préfets

---

(1) Voyez : Loi du 23 déc. 1874, art. 2. — Règl. du 27 fév. 1877. Tit. I. Sect. 4e et Inst. gén. du 15 juin 1877. Tit. I. Sect. 4e.

(2) Ce rapport est de 1880 ; c'est le seul qui ait paru jusqu'ici, malgré les prescriptions de la loi aux termes de laquelle il devrait en être fait un par an. La cause en est dans les nombreux empêchements qu'a rencontrés l'établissement du service de protection.

ayant à s'occuper de bien d'autres choses que des nourrissons. Que dans certaines localités les agents essentiels de la loi du 23 décembre 1874 n'ont pas rempli ou n'ont pas bien compris leurs obligations; et que dans d'autres l'organisation du service a été paralysée par le refus du conseil général de voter un crédit. De telle sorte que, pendant l'année 1878, près d'un cinquième du territoire français échappait encore à l'action de la loi du 23 décembre 1874.

La seconde, celle-ci spéciale à notre matière, c'est que, dans beaucoup de départements, les inspecteurs départementaux s'attachaient à tenir les nourrissons enfants assistés en dehors de la surveillance des commissions locales et de l'inspection médicale; et les omettaient dans les recensements et relevés numériques prescrits par la nouvelle loi. Dans certains départements déjà une rectification a été opérée et l'on fait figurer les enfants assistés dans les comptes rendus relatifs à la loi de protection. Nous citerons avec le rapport ; l'Allier, l'Eure-et-Loir, la Lozère.

C'est encore à ce rapport que nous emprunterons la conclusion de ce chapitre : « Partout, dit M. Roussel, « où le préfet, l'inspecteur des enfants assistés et le « comité départemental ont rempli leur devoir et fait « sentir leur action, la loi a reçu son application plus « ou moins complète, avec un ensemble de moyens « plus ou moins développés ; mais partout avec ce

« résultat consolant que les effets bienfaisants de la
« loi ont pu déjà être sentis et constatés (1).

(1) D'après une communication faite par M. le docteur Lagneau à l'Académie des sciences morales et politiques, la mortalité des enfants abandonnés est de 5,28 décès pour 100 enfants entretenus en 1876 ; c'est-à-dire que sur 100 enfants admis à l'assistance publique 47,81 sont morts avant la fin de la douzième année.

Si on compare cette mortalité à celle des enfants de 0 à 12 ans en général, pour l'année 1876, on voit que la première est de près des deux cinquièmes supérieure à la seconde. *Journ. off.* du 6 septembre 1881.

B.

# CHAPITRE IV

---



## Tutelle et surveillance des enfants assistés.

I. État de choses existant sous l'empire du décret de 1811. — II. État de
choses actuel, des inspecteurs départementaux. — III. Améliorations
possibles. Pétition de M. le docteur Brochard. — IV. Cas dans lesquels
cessent la tutelle et la surveillance de l'administration sur les enfants
assistés.

## I.

Les hospices civils existaient bien avant que le service des enfants assistés fût organisé, c'est précisément
pour cette raison que l'on fut conduit à les ouvrir
aux enfants ; et aussi parce qu'on était pris au dépourvu
par les nécessités d'un service subitement généralisé
et d'une extrême urgence. Par une conséquence naturelle, la commission administrative fut chargée des
enfants parce qu'elle était chargée des hospices. C'est
là le seul motif de la disposition de l'article 15 du décret de 1811, reproduisant en cela l'article 1er de la
loi du 15 pluviôse an XIII, et qui est ainsi conçu : Les
enfants trouvés et les enfants abandonnés sont sous la
tutelle des commissions administratives des hospices
conformément aux règlements existants. Un membre

de cette commission est spécialement chargé de cette tutelle (1).

De ce que nous venons de dire, il résulte que les enfants assistés ont été pour les commissions administratives un surcroît d'occupations ; les pouvoirs qui leur étaient confiés sur ces enfants, un surcroît d'attributions. Et certes ce n'était pas peu de chose que d'avoir à la fois la *tutelle légale* et la *tutelle paternelle* (2) de trois ou quatre cents enfants et souvent davantage.

Comme tuteur légal, l'administrateur hospitalier devait donner son autorisation en matière de mariage et d'engagement au service militaire, intervenir dans les actions judiciaires, dans les règlements de compte, liquidation et partage. Cette dernière charge était en fait peu onéreuse, car les enfants auxquels des biens ou capitaux peuvent advenir sont ordinairement retirés par leurs parents.

La tutelle paternelle était, comme dit très bien l'enquête de 1860, la plus usuelle, partant plus laborieuse. « Moins apparente, dit la même enquête, ini-« tiée aux actes les plus ordinaires de la vie, suivant « l'enfant du berceau à la majorité, elle est de toutes

______

(1) L'article 1er de la loi du 15 pluviôse an XIII disposait : les enfants admis dans les hospices à quelque titre et sous quelque dénomination que ce soit, seront sous la tutelle des commissions administratives de ces hospices, lesquelles désigneront un de leurs membres pour exercer, le cas advenant, les fonctions de tuteur ; les autres formeront le Conseil de tutelle. — Dans certains départements, les enfants avaient été répartis entre tous les membres des commissions administratives ; de telle sorte que, dans quelques-uns, chacun avait jusqu'à cent et deux cents pupilles.

(2) Ce terme est employé par l'enquête de 1860 et il nous paraît extrêmement exact.

« les circonstances et de toutes les heures. Pourvoir
« au placement des enfants en nourrice, en pension,
« en apprentissage, fournir les layettes et vêtures,
« surveiller leur éducation, déplacer ceux qui sont
« mal élevés et les replacer, retirer et garder dans
« l'hospice ceux qui ne peuvent trouver de placement
« au dehors, et en particulier les infirmes et les estro-
« piés, créer à leur intention des ateliers et des éco-
« les ; en un mot organiser tous les services relatifs
« à l'alimentation, à l'entretien et à l'éducation des
« enfants. » Voilà cette tâche du tuteur paternel
que l'enquête à laquelle nous venons d'emprunter
la citation, qualifiait d'immense et non sans raison.
Aussi les administrateurs des hospices, pris parmi la
partie active de la société, ayant à soigner déjà leurs
intérêts personnels, ceux de l'hospice et en plus ceux
des enfants, ne pouvaient y suffire (1) ; la tutelle des
enfants assistés avait été réduite à sa plus simple
expression. Elle se bornait, au dire de Remacle, à
deux choses : 1° à placer les enfants en nourrice ou
en pension ; 2° à les mettre en apprentissage à douze
ans. « Ce sont, ajoute le même auteur, des actes d'ad-
« ministration qui s'accomplissent par l'entremise
« des sœurs hospitalières chargées de ce soin, et des
« receveurs des hospices ; les tuteurs n'y intervien-
« nent que rarement. » « Les tuteurs ne visitent les
« enfants ni chez leurs nourrices, ni dans les maisons

(1) D'après l'enquête de 1860, sauf dans 11 départements, les commissions administratives ne remplissaient leurs devoirs que d'une façon fort
incomplète. La tutelle hospitalière se réduisait ordinairement aux cas
spéciaux où le consentement et l'assistance du tuteur légal sont nécessaires.

« où ils sont en pension, ni dans les ateliers d'appren-
« tissage. »

Un pareil état de choses engendrait les abus les
plus monstrueux : les permutations d'enfants (1) chez
les nourrices, leurs substitutions, les paiements après
décès (2). Les enfants trouvés manquaient donc des
protecteurs, des défenseurs et des guides que l'intention du législateur et le but de la loi avaient été de
leur donner. Ajoutons tout de suite qu'on ne pouvait
sérieusement reprocher la chose aux commissions
administratives, dévouées, remplies de bon vouloir,
mais ne pouvant excéder leurs forces. Il y avait là,
non pas un manque de bonne volonté, ni un oubli du
devoir, mais une impuissance matérielle.

On n'avait pas été longtemps du reste à s'en aper-
cevoir, et dès avant 1834 différents moyens avaient
été proposés pour remédier à cet état de choses.

M. de Bondy proposait la tutelle des préfets. On lui
objectait avec raison que si des commissions administratives composées de quatre ou cinq membres, dont
la surveillance ne s'exerce que sur des services du
même genre, n'avaient pu parvenir à remplir la tâche, il devait à plus forte raison en être de même

(1) Malgré les boucles d'oreilles que devaient porter les pupilles de
l'assistance publique. Plus tard elles furent remplacées par un collier.
C'est ce mode de reconnaissance qui est encore employé aujourd'hui ; il
a l'avantage sur l'autre de ne pas attirer l'attention sur ces malheureux
enfants.

(2) En 1834, dans une seule commune de la Dordogne on découvrit
vingt substitutions. — Dans le Gers, une fille estropiée était confiée aux
soins d'une nourrice de plus de quatre-vingts ans. A Montbrison, une
seule nourrice avait trois enfants de l'hospice. A Espalion, 22 enfants
étaient perdus en 1828. A Lorient, 62 en 1834. — REMACLE, l. c.,
note 240.

des préfets. « Pour soigner, disait à ce propos Rema-
« cle, il faut visiter ; pour veiller, il faut voir ; pour pro-
« téger, il faut connaître. Un préfet ira-t-il de chau-
« mière en chaumière appeler l'orphelin par son nom,
« l'interroger sur son état, consulter ses besoins, sa-
« tisfaire à ses demandes ? Assurément non. »

On avait aussi essayé de l'intervention des juges de
paix et des maires, mais à l'époque où cela fut tenté
l'essai ne pouvait pas réussir, à cause du système du
déplacement, dont nous avons parlé en son lieu, et
qui était alors pratiqué.

## II.

Ce ne fut qu'en 1856 qu'on entra sérieusement dans
la voie réformatrice. Par une circulaire du 30 avril
1856, le ministre de l'intérieur autorisa les inspecteurs départementaux à partager avec les commissions administratives des hospices la charge de la tutelle. La circulaire recommandait aux préfets d'user
de leur pouvoir pour maintenir les commissions hospitalières dans la voie tracée par les règlements et
d'étendre, si besoin en était, les attributions des inspecteurs départementaux en les investissant de pouvoirs qu'ils n'avaient pas eus jusqu'alors. Voici d'ailleurs
comment la circulaire s'exprime sur ce point : « L'ins-
« pecteur départemental est, auprès des commissions
« administratives, le représentant de votre autorité.
« Non seulement il doit vous éclairer sur l'ensemble
« et les détails du service, mais il doit aussi veiller à
« ce que ces commissions remplissent dans toute leur

« étendue les obligations que la loi leur impose. Dans
« le cas où, malgré vos recommandations, la tutelle
« laisserait encore à désirer, *vous devriez prendre des*
« *mesures pour lui en déléguer personnellement l'exercice*.
« Les devoirs de l'inspecteur départemental consiste-
« ront alors à suivre l'enfant jusqu'à sa majorité, à lui
« assurer un placement avantageux, à concerter avec
« l'administration hospitalière toutes les questions
« litigieuses qui exigeraient l'intervention du tuteur
« légal. Telles sont par exemple les questions d'éman-
« cipation, et les questions hypothécaires que pour-
« rait soulever la gestion des biens échéant à un mi-
« neur. »

De cette circulaire ressort nettement la distinction
que nous avons établie au commencement de ce chapitre entre la tutelle légale et la tutelle paternelle.
Pour les actes qui rentrent dans la première, l'inspecteur départemental doit s'entendre avec les commissions administratives qui restent souveraines ; pour
les actes qui rentrent dans la seconde tous les pouvoirs des administrations hospitalières peuvent être
délégués par le préfet à l'inspecteur départemental.

En 1860, lors de l'enquête, 17 départements seulement n'avaient pas encore essayé la réforme recommandée par la circulaire, ce nombre était réduit à 7
lors de la publication des travaux de l'enquête en
octobre 1861.

À l'heure actuelle, ce qui n'était qu'une simple faculté laissée à l'appréciation des préfets, est devenu
une obligation depuis la circulaire du 3 août 1869.
C'est-à-dire que dans tous les départements, la tutelle
des enfants assistés se divise en deux parties : tutelle

légale exercée par les administrations hospitalières avec le concours de l'inspecteur départemental, tutelle paternelle exercée par l'inspecteur départemental seul. Voici comment s'exprime à ce sujet la circulaire à laquelle nous faisions allusion plus haut. « C'est à « l'inspecteur départemental que seront confiés la re- « cherche et l'engagement des nourrices, la prépara- « tion et la signature des contrats d'apprentissage, « la réalisation des placements de fonds à la caisse « d'épargne ; il devra enfin ne demeurer étranger à « aucuns des détails de la tutelle administrative et « vous l'y associerez étroitement dans les termes « et aux conditions réglées par l'instruction du 30 « avril 1856. »

Nous venons de parler des attributions des ins- pecteurs départementaux, c'est ici croyons-nous le lieu d'entrer dans quelques développements relatifs à ces fonctionnaires.

L'idée première d'une inspection d'enfants assistés appartient au décret de 1811 ; elle avait été puisée sans doute dans l'ordonnance de Colbert. Le décret, dans son article 14, ordonnait que des commissaires spéciaux ou des médecins visiteraient les enfants assistés (1).

Nous avons déjà indiqué que les premiers inspec- teurs furent nommés en 1823 à titre temporaire et seulement pour rechercher et faire rendre à leurs pa- rents les enfants légitimes frauduleusement déposés au tour. En 1828, le ministre les institua à titre permanent, leurs attributions furent réglées par une circulaire du 12 mars 1839 ; mais ce n'est qu'en 1852 que l'ins-

(1) Le seul département de l'Isère s'était conformé à cette prescrip- tion. — Enquête de 1860.

pection départementale des enfants assistés a été organisée (1).

L'inspecteur départemental n'était alors qu'un agent passif chargé seulement de centraliser des renseignements et de rendre compte. Mais depuis les circulaires des 30 avril 1856 et 3 août 1869, il apparaît sous un jour tout à fait nouveau. Il devient, ainsi que l'a dit un auteur avec beaucoup de justesse, « la cheville ouvrière du système. »

Malgré tout, il manquait à l'institution une organisation définitive et stable. En décidant que les inspecteurs départementaux seraient rétribués sur les fonds de l'État la loi de 1869 vint lui donner le caractère légal. Mais il y avait encore bien des lacunes à combler, lacunes dont nous trouvons l'énumération dans la circulaire de 1869. « L'utilité de l'inspection départementale, dit le ministre, les services qu'elle rend, « étaient unanimement reconnus ; mais on regrettait le « défaut d'organisaton du corps, l'insuffisance de ses « émoluments, l'absence d'un avancement hiérarchique « et de récompenses destinées à l'encourager. » Et il ajoutait un peu plus loin : « Peu à peu la situation de « ce personnel tendra à s'améliorer et l'on verra disparaître les inconvénients que signalait avec raison « l'inspection générale. » Cette amélioration annoncée a été réalisée par le décret impérial du 31 juillet 1870 (2), qui a réglé le cadre et les conditions d'organisation de l'inspection des enfants assistés : Les disposi-

(1) En 1857, tous les départements eurent des inspecteurs. Les derniers dans lesquels l'institution fut créée sont : la Charente-Inférieure, les Côtes-du-Nord et les Vosges.

(2) Promulgué le 18 août. Bulletin officiel n° 18,027.

tions de ce décret ne présentent pas la moindre difficulté d'interprétation. Nous allons les indiquer brièvement.

*Composition des cadres.* — Le cadre général du personnel comprend six classes d'inspecteurs et de sous-inspecteurs. Il ne peut y avoir plus de :

8 inspecteurs et 6 sous-inspecteurs de 1re classe.
12 inspecteurs et 10 sous-inspecteurs de 2e classe.
20 inspecteurs et 15 sous-inspecteurs de 3e classe.
20 inspecteurs et 20 sous-inspecteurs de 4e classe.
25 inspecteurs et 20 sous-inspecteurs de 5e classe.

Le nombre des inspecteurs et sous-inspecteurs de 6e classe n'est pas limité.

*Traitements.* — Les traitements correspondants à chaque classe sont réglés par l'article 5 de la manière suivante :

1re classe inspecteurs 5000f sous-inspecteurs 3000f.
2e classe — 4500f — 2800f.
3e classe — 4000f — 2600f.
4e classe — 3500f — 2400f.
5e classe — 3000f — 2200f.
6e classe — 2500f — 2000f.

*Classement et avancement.* — Les inspecteurs et sous-inspecteurs sont nommés par le ministre de l'intérieur. Ils ne peuvent être nommés à une classe supérieure qu'après trois ans au moins d'exercice dans la classe immédiatement inférieure. Ce délai est réduit à deux ans pour les sous-inspecteurs. Les sous-inspecteurs de 1re et de 2e classe promus au grade d'inspecteur sont de droit compris dans la 5e classe, ils peuvent l'être dans la 4e.

*Conditions à remplir.* — Pour pouvoir être nommé

inspecteur, il faut au moins trente ans d'âge ; avoir
six années de services comme sous-inspecteur, ou huit
années comme employé dans une administration
publique. On peut prendre aussi les médecins ayant
au moins cinq années d'exercice et de préférence ceux
qui auraient été attachés à un service d'assistance.

Pour pouvoir être nommé sous-inspecteur, il faut
avoir vingt-cinq ans d'âge et justifier de cinq années
de services civils ou militaires. Les sous-inspecteurs
sont choisis de préférence parmi les secrétaires des
mairies, les instituteurs publics, les secrétaires ou
économes des établissements charitables ayant au moins
un revenu de vingt mille francs, et les médecins, sous
les mêmes conditions que pour l'inspection.

Cette digression faite sur l'organisation de l'inspection départementale, revenons aux attributions et aux
devoirs des inspecteurs. Est-il besoin d'insister sur
leur importance? Nous ne le pensons pas ; tout le
monde comprend quels heureux résultats peut produire dans la matière qui nous occupe une surveillance
exercée avec zèle et intelligence ; dont l'idéal doit
être de se rapprocher le plus possible de la surveillance du père de famille. On comprend aussi que
pour obtenir des résultats vraiment utiles, ces fonctions
demandent à être exercées par des hommes conscien-
cieux, capables, d'une situation indépendante, d'une
moralité et d'un dévouement éprouvés. Le ministre leur
recommande de se rendre fréquemment chez les nourrices et les patrons (1) ; nous ajouterons qu'ils doivent le

---

(1) En outre de leur traitement, il est alloué aux inspecteurs et sous-
inspecteurs des indemnités de déplacement dont le taux est fixé par le
ministre de l'intérieur. (Art. 3. Décret du 31 juillet 1870.)

faire inopinément et ne pas réunir les enfants à la mairie de la commune ou du canton avec leurs nourriciers ou patrons, comme cela s'est fait quelquefois. Il paraît que ce système se pratiquait il n'y a pas longtemps encore, car à la date du 11 août 1879 nous trouvons une circulaire par laquelle M. Lepère, ministre de l'intérieur, prescrit aux inspecteurs et sous-inspecteurs de l'assistance publique, au lieu de réunir les enfants à la mairie pour les inspecter, de se rendre inopinément au domicile des nourrices et patrons pour s'assurer que les enfants sont placés dans de bonnes conditions matérielles et morales. Il est élémentaire que la seule surveillance qui puisse être réelle et effective doive s'exercer de cette façon ; autrement l'institution manque son but.

III.

Si nous reconnaissons que la division de la tutelle des enfants assistés entre les commissions administratives des hospices et les inspecteurs départementaux a été une mesure excellente, qui a réalisé un progrès considérable, nous devons ajouter qu'à notre sens on n'est pas encore arrivé à toute la perfection désirable. Il ne faut pas perdre de vue ce fait, que les enfants sont disséminés dans toute la circonscription départementale, qu'ils sont isolés dans les villages et les hameaux, que chacun d'eux a des droits particuliers et une existence distincte et que les intérêts de chaque enfant se compliquent de la position de la famille qui l'élève. « Du moment, dit de Tour-
« donnet, que l'inspecteur doit s'informer avant le

« placement, surveiller pendant le placement et dé-
« placer s'il est mécontent ; du moment où il doit faire
« naître et saisir toutes les occasions d'être utile à
« ses pupilles comme le serait un bon père de famille,
« du moment où il est décidé à faire tout cela avec
« conscience et dévouement, ne sera-t-il pas effrayé
« de la gravité et de la multiplicité de ses devoirs et
« de la responsabilité qui pèsera sur lui? Sa bonne
« volonté ne faiblira-t-elle pas devant l'énormité des
« charges? Trouvera-t-il assez de temps pour ne né-
« gliger aucune partie du service? »

Il y a dans chaque département, sans parler des enfants secourus temporairement, de 800 à 1,000 enfants assistés, pour chaque enfant il faut faire un travail particulier puisque chacun a des intérêts différents. Il nous semble difficile qu'un inspecteur, même aidé de plusieurs sous-inspecteurs, puisse suffire à la tâche.

Quel remède apporter à cet état de choses? M. Brochard, dans un second chef de la pétition dont nous avons parlé déjà à propos des tours, demande que l'on revienne aux anciens errements et qu'on rende aux administrations hospitalières le service des enfants trouvés. L'honorable docteur reproche au système actuellement suivi, d'être la cause des souffrances de milliers d'enfants (1), et en second lieu d'être illégal.

Sur le premier point, nous ne saurions partager l'opinion du pétitionnaire. Si les inspecteurs départementaux, qui n'ont à s'occuper que des enfants, sont

(1) M. Brochard, l. c., p. 329.

dans l'impossibilité de remplir leur tâche aussi complétement que l'exigerait le bien de ceux-ci, comment comprendre qu'elle puisse l'être mieux par les administrateurs des hospices aux nombreuses charges desquels, comme nous avons déjà eu occasion de le dire, viendrait s'ajouter par surcroît la charge des enfants.

Quant au reproche d'illégalité, il nous paraît fondé. La loi qui confiait aux administrations hospitalières la tutelle des enfants trouvés n'a jamais été abrogée, à moins, ce que nous ne saurions admettre, qu'on considère comme l'abrogeant, la disposition de l'article 6 de la loi du 5 mai 1869 qui met les frais d'inspection et de surveillance à la charge de l'État ; ou bien encore la disposition de l'article 1 du décret du 31 juillet 1870 ainsi conçu : « La surveillance du service « des enfants assistés est confiée à des inspecteurs et à « des sous-inspecteurs. » A notre sens aucune de ces deux dispositions n'est assez explicite pour qu'on puisse admettre que le législateur ait voulu porter atteinte aux droits conférés aux administrations hospitalières par la loi du 15 pluviôse an XIII et le décret du 19 janvier 1811.

Nous dirons donc avec M. le docteur Brochard, que le système pratiqué est illégal. Mais au lieu d'en tirer avec lui cette conséquence qu'il faut rendre aux administrations hospitalières les fonctions dont elles ont été dépossédées par les circulaires ministérielles de 1856 et de 1869 ; nous émettrons au contraire le vœu que la situation des inspecteurs départementaux, en ce qui concerne la tutelle et la surveillance des enfants assistés, soit promptement régularisée par une loi.

Le devoir le plus difficile à bien remplir est incontestablement le devoir de surveillance de l'enfant chez son nourricier ou son patron. La dissémination des enfants est un obstacle presque insurmontable à ce que cette surveillance s'exerce d'une façon sérieuse. Il faudrait que la surveillance du tuteur comme celle du père de famille fût de tous les instants. Pour en arriver là, il nous semble qu'il suffirait simplement de déléguer cette part de la tutelle à des commissions locales, analogues à celles qui ont été créées par application de la loi Roussel, pour les enfants du premier âge. L'idée n'est pas neuve, nous la trouvons dans une circulaire ministérielle du 2 novembre 1862, puis dans celle du 3 août 1869 : « Le concours des comités de patronage, dit cette « dernière, est indispensable à l'inspecteur. Bien com- « posés, ils assurent à l'enfant une protection efficace « *parce que la surveillance est de toutes les heures et* « *qu'elle s'exerce à côté même du nourrisson et du maître* « *d'apprentissage.* » En exécution de ces circulaires, des comités de patronage des enfants assistés ont été institués dans presque tous les départements, malheureusement il faut bien le dire, les membres de ces comités s'acquittent en général de leurs fonctions avec assez peu d'exactitude. Il conviendrait donc que la loi à intervenir sur ce point, tout en maintenant la composition de ces comités telle qu'elle a été fixée par les circulaires de 1862 et 1869 (1) et l'obligation

(1) « Le maire, le curé ou desservant, l'instituteur ou l'institutrice en « sont les membres naturels. Il conviendra aussi d'y appeler une ou deux « mères de famille. C'est la composition indiquée par la circulaire de « 1862, l'administration ne pouvait s'adjoindre des auxiliaires plus « utiles. » (Circulaire du 3 août 1869.)

où ils sont d'envoyer quatre fois par an à l'inspecteur départemental des bulletins de renseignements sur chacun de leurs pupilles, prît les mesures nécessaires pour assurer à l'avenir, de la part des membres des comités de patronage, la stricte exécution de leurs obligations.

## IV.

Les enfants assistés (1) ne cessent d'être sous la tutelle et la surveillance de l'administration que dans trois cas :

1° Lorsqu'ils ont atteint l'âge de 21 ans.

2° Lorsqu'ils sont avant cet âge adoptés par leurs nourriciers ou des personnes charitables ; ou même par la tutelle officieuse dont l'enfant serait l'objet.

Il y a plus, dans le cas où le tuteur officieux vient à mourir avant la majorité ou l'émancipation de l'enfant, la tutelle de l'administration ne revit pas, surtout s'il a des revenus plus que suffisants pour pourvoir à ses besoins. En pareil cas, il y a lieu de lui nommer un tuteur et un subrogé-tuteur. Cette solution a été consacrée par un arrêt de la cour d'appel d'Angers rendu le 26 juin 1844 dans les circonstances suivantes :

Le 23 mars 1831, était né de père et mère inconnus un enfant auquel furent donnés les noms de Jacob, Victor. Le 8 septembre 1838, un sieur Lebas s'en rendit le tuteur officieux par acte intervenu entre lui et la commission administrative, puis le fit retirer de l'hospice.

(1) Nous ne parlons pas ici des enfants secourus temporairement qui sont sous la surveillance de l'administration tant qu'ils en reçoivent des secours, mais qui ne sont jamais sous sa tutelle.

Lebas mourut le 11 juillet 1842, léguant par testament à son pupille, la jouissance actuelle de tous ses biens ; et l'entière propriété de ces mêmes biens s'il parvenait à sa majorité. Le 13 septembre suivant, un conseil de famille composé d'amis du testateur, se conformant à une des clauses du testament, nomma un tuteur et un subrogé-tuteur au mineur Jacob, Victor.

La commission hospitalière revendiqua à son profit la tutelle. Elle prétendit que la délégation de pouvoirs qu'avait concédée l'administration des hospices au sieur Lebas ayant cessé avant d'avoir produit tout son effet, le mineur Jacob, Victor rentrait nécessairement sous le régime de la loi du 15 pluviôse an XIII. Le tribunal d'Angers lui donna gain de cause. Appel fut interjeté par les tuteur et subrogé-tuteur de Jacob, Victor, et la cour d'Angers, considérant :

Que dans la situation faite à Jacob, Victor par le testament du sieur Lebas, il n'y avait pour lui aucun intérêt à rentrer sous le patronage de l'administration des hospices ;

Que du reste la tutelle de ces administrations sur les enfants qui leur sont confiés, ne tient ni à l'ordre public, ni aux rapports essentiels de famille, qu'elle est simplement un acte de bienfaisance ;

Enfin, qu'à la mort de son bienfaiteur, le mineur Jacob, Victor se trouvait dans le cas prévu par l'art. 405 du C. civ., que dès lors, et même abstraction faite du vœu exprimé par le testateur, il y avait lieu de le pourvoir d'un tuteur et d'un subrogé-tuteur ;

Mit à néant le jugement dont était appel, et statuant à nouveau, déclara régulière et valable la délibération du conseil de famille du mineur Jacob, Victor.

(*Journal du Palais*, 1844, T. II, p. 288. *Rapport de la commison d'enquête de 1849*, II, p. 160 et suiv.)

3° Lorsqu'ils sont rendus à leurs parents sur la réclamation de ceux-ci.

Quelques explications sont nécessaires à propos de ce troisième cas.

Nous avons sur ce point la disposition de l'article 21 du décret de 1811 ainsi conçue : « Il n'est rien « changé aux règles relatives à la reconnaissance « et à la réclamation des enfants trouvés et aban- « donnés. »

La première de ces règles nous la trouvons formulée, dans le décret lui-même, en ces termes : « Avant d'exercer aucun droit les parents devront, « s'ils en ont les moyens, rembourser toutes les dé- « penses faites par l'administration publique ou par « les hospices. » Les préfets sont chargés par l'ins- truction ministérielle de 1823 de prendre toutes les informations nécessaires pour s'assurer de la position pécuniaire réelle des réclamants, et de donner, s'il y a lieu, la dispense du remboursement.

Cette instruction formule également deux autres règles :

1° « Les personnes qui réclament un enfant doivent « donner sur lui et sur les circonstances de son expo- « sition des détails tels, qu'ils ne permettent pas de « prendre le change sur l'enfant qui leur appartenait « et sur celui qu'on leur rend. »

2° « La remise d'un enfant aux parents qui le « réclament ne doit avoir lieu que sur un certificat de « leur moralité délivré par le maire de leur commune,

« et attestant en outre qu'ils sont en état d'élever leurs
« enfants. »

Ces deux règles sont faciles à justifier. La première,
celle qui est relative à l'identité de l'enfant, s'explique
par la nécessité qu'il y a d'empêcher les substitutions
d'enfants ; l'administration ne peut assumer sur elle,
faute d'avoir pris les précautions suffisantes, la responsabilité de semblables fraudes.

La seconde, celle qui est relative à la preuve que le réclamant doit faire de son aptitude matérielle et morale
à élever l'enfant, s'explique par cette considération :
que la misère et la débauche étant les causes les plus
communes de l'abandon, c'est bien le moins qu'on
puisse prouver avant de prendre charge d'un enfant,
qu'on ne lui donnera pas de mauvais exemples, et
qu'on est en mesure de subvenir à ses besoins.

Mais ici une difficulté se présente, on peut se
demander quelle est la limite du droit du réclamant ;
ou en d'autres termes, s'il est légal que, ainsi que
l'administration a l'habitude de le faire, on remette
l'enfant à un aïeul, ou à un collatéral qui le réclame.
La question ainsi posée doit à notre avis, être résolue
négativement. Car entre l'enfant et ceux qui le réclament, il n'y a pas de lien de parenté légal, étant
admise la solution que nous avons donnée au commencement de cette thèse : que les enfants trouvés
doivent être présumés naturels. Or la circulaire dit
que l'enfant peut être *remis aux parents*. Nous com-
prenons que l'administration confie plus volontiers
les enfants à ces personnes qu'à des étrangers ; mais
nous voudrions que lorsque d'autres parents que les
père et mère se décident à réclamer l'enfant, ils ne

le puissent que comme le feraient des étrangers, et
qu'ils soient tenus de l'adopter conformément aux
règles du Code civil (1).

(1) De Bondy, l. c.

# CHAPITRE V

**Régime financier des enfants assistés.**



## I.

Des articles 12 et 13 du décret de 1811 résulte la
distinction des dépenses des enfants assistés en : dépenses *intérieures* et dépenses *extérieures ;* distinction qui subsiste encore maintenant.

En principe, les dépenses intérieures sont les frais
qu'occasionne le séjour des enfants à l'hospice, les
dépenses extérieures sont les frais relatifs au séjour
des enfants hors de l'hospice.

D'après le décret de 1811 les dépenses intérieures
étaient celles des nourrices sédentaires, des layettes,
des frais de séjour, de nourriture et d'éducation des
enfants à l'hospice. Les hospices dépositaires en étaient
chargés seuls.

Les dépenses extérieures étaient celles des mois de
nourrice et des pensions. L'État contribuait à leur

paiement jusqu'à concurrence de quatre millions par an. Si après la répartition de cette somme il y avait insuffisance, il devait y être pourvu par les hospices au moyen de leurs revenus ou d'allocations sur les fonds des communes.

On remarquera que dans l'énumération des dépenses il n'était pas parlé des vêtures, qui en sont cependant une partie très considérable. Aussi la question s'était-elle élevée de savoir si elles devaient être comprises dans le terme layettes, et par conséquent imputées sur les dépenses intérieures à la charge des hospices, ou sur les quatre millions de l'État. A l'origine beaucoup d'hospices, résolvant la question en leur faveur, se refusèrent à les donner et malgré les circulaires de 1811, 1823 et 1836 dans lesquelles le ministre invitait les préfets à faire connaître aux administrations hospitalières, qu'elles ne pouvaient se dispenser de donner d'abord une layette et ensuite plusieurs vêtements aux enfants trouvés et abandonnés ; Remacle constate en 1837 que quatre-vingt-douze hospices s'obstinaient encore à refuser les vêtures.

Le législateur de 1811 avait considéré que les enfants assistés n'ayant pas de parents sont les pupilles de l'État, qu'à ce titre il doit présider comme le ferait un bon père de famille à la distribution des secours qui leur sont octroyés. Et pour affirmer davantage ce droit et ce devoir, il avait établi que l'État contribuerait annuellement à la dépense pour quatre millions. Mais aux premières années de la Restauration, les publicistes s'élevèrent contre cette ingérence de l'État et partant contre la subvention. Ils disaient que sans doute l'État est le tuteur né des enfants trouvés, mais qu'il n'a pas uniquement le pouvoir central, qu'il le partage avec les administrations départementales et les autorités locales. Ils ajoutaient que le décret de 1811 faisait supporter à tous l'immoralité d'un département ou d'un canton.

Aussi, dès 1817, sous l'influence de ces considérations, le service des enfants trouvés était mis à la charge des départements. Les lois de finances postérieures confirmèrent la mesure. Ainsi dans la loi du 23 juillet 1820, qui reproduit en les régularisant et en les formulant plus explicitement les prescriptions des années précédentes, nous trouvons un article 33 ainsi conçu : « Sur les centimes additionnels à la contribu- « tion foncière, et à la contribution personnelle et « mobilière, il sera prélevé 17 centimes 1/2 pour les « dépenses départementales fixes, communes et « variables. Ces centimes seront divisés de la manière « suivante : 6 centimes 1/4 seront versés dans les « caisses des receveurs généraux de départements « pour être tenus à la disposition des préfets et être « employés sur leurs mandats aux dépenses variables « ci-après, savoir :......... *Enfants trouvés et enfants* « *abandonnés sans préjudice du concours des communes.* » Du concours de l'État, il n'en est plus question. C'est le département qui en principe pourvoit aux dépenses ; les communes y contribuent dans une proportion déterminée, qui d'après une circulaire du 21 août 1839 ne peut excéder le cinquième de la dépense ; les hospices dépositaires sont tenus de payer certains frais spécifiés par la loi et par les règlements. Quant à l'État, il n'intervient plus qu'en cas de besoin urgent, par des allocations qui n'ont rien de fixe ni d'obligatoire.

Nous avons dit que les dépenses auxquelles étaient tenus les hospices dépositaires étaient, les dépenses intérieures ; ils y étaient obligés à l'exclusion de tous les autres hospices du département. La question du reste ne s'était pas posée avant 1859. Mais à cette époque, un décret rendu en Conseil d'État le 7 avril, avait déclaré que les termes formels du décret de 1811 ne permettaient pas de contraindre légalement les hospices non dépositaires à participer aux dépenses intérieures. Il arriva alors que l'exiguïté des ressources de certains hospices dépositaires les aurait presque réduits à l'impuissance ; si frappés de cette situation et des maux qu'elle allait engendrer, les conseils généraux n'étaient venus au secours des hospices en votant des subventions spéciales, indépendamment des crédits relatifs au service départemental des enfants assistés (1).

Dans cette situation, il s'était produit, dit l'exposé des motifs du projet de loi 1868, un double courant de plaintes. Les hospices dépositaires faisaient observer que par leur origine les enfants assistés appartenaient à tout le département ; que leur malheur était du ressort de tous les hospices du territoire et non une obligation naturelle de tel ou tel établissement particulier. De leur côté, les conseils généraux obligés par humanité de venir au secours des hospices dépositaires réclamaient contre la situation qui leur était

___

(1) En 1868, 49 conseils généraux étaient entrés dans cette voie et les subventions pour l'année 1868 s'élevaient à 284,391 francs. — Voyez l'exposé des motifs d'un projet de loi relatif à la répartition des dépenses intérieures des enfants assistés. Annexe à la séance du 4 janvier 1868. *Moniteur* du 12, p. 64.

faite. C'est sous l'influence de ces plaintes que furent
rédigés et présentés différents projets de loi dont nous
allons maintenant parler.

II.

En 1847, Duchâtel, alors ministre de l'intérieur, instituait une commission pour examiner les questions
relatives à l'entretien des enfants trouvés. Le 22 août
1849, Dufaure remplaçait par une nouvelle commission
celle qui avait été nommée par Duchâtel. Elle se livra
à une minutieuse enquête, à la suite de laquelle elle
rédigea un projet de loi fort complet qui ne fut pas
soumis à la Chambre.

En 1850, la commission de l'assistance publique
présenta un projet de loi qui ne fut pas discuté.

Un autre présenté le 26 février 1853 fut, après un
rapport de Remacle du 30 avril de la même année,
retiré par le gouvernement.

En 1856, un nouveau projet qui relativement au tour,
alors en voie de suppression, maintenait le statu quo,
contrairement à la demande de Troplong et de Por-
talis qui voulaient le rétablissement des tours, ne fut
pas présenté au corps législatif.

En 1868, les plaintes que nous avons mentionnées
plus haut étaient devenues plus fortes. Pour porter
remède aux maux signalés, le gouvernement, dans la
séance du 4 janvier, présenta au corps législatif un
projet de loi ayant pour objet la répartition des
dépenses intérieures des enfants assistés. Ces dépenses devaient, conformément à la prétention des hospices dépositaires, être supportées par tous les hospices

du département sur leurs ressources ordinaires. Le contingent de chacun d'eux était déterminé par le préfet après avis du conseil général, les commissions administratives entendues (1).

La commission nommée pour examiner ce projet (2), choisit M. le baron Buquet pour rapporteur ; celui-ci déposa son rapport le 4 mai (3). Il y renversait complètement les idées émises par le gouvernement, dans l'exposé des motifs. « En droit et en « raison, disait le rapporteur, le gouvernement ne « doit pas imposer à un hospice tout ou partie d'une « dépense pour laquelle cet établissement n'a pas de « fond spécialement affecté, ou qui n'en est pas « chargé par le titre de la fondation ; et s'il le fait il « doit, comme le gouvernement du 27 ventôse an III, « pourvoir d'une manière directe à son rembourse- « ment. » De là il tirait cette conclusion que le décret de 1811 avait commis une injustice au point de vue des hospices dépositaires ; et qu'en étendant ce régime aux hospices non dépositaires le gouvernement maintenait, sanctionnait et s'appropriait cette injustice.

Il ajoutait que la raison se refusait à penser que des hospices fondés pour soigner des malades, des infirmes et des vieillards, seraient obligés de contribuer à la dépense des enfants assistés. Qu'en outre le mode de répartition proposé serait, dans l'application, hérissé de difficultés quand il s'agirait de déterminer

(1) Voyez *Moniteur* du 12 janvier 1868, p. 64. Art. 1, §.§ 1 et 2 du projet de loi.

(2) La commission se composait de MM. Delamarre, président, Gellibert des Seguins, secrétaire, Peyrusse, le baron Buquet, Giraud de l'Ain, de Dalmas, le comte de Boigne, Pissard, Chadenet.

(3) Voyez *Moniteur* du 18 juin 1868, p. 870.

le contingent de chaque établissement ; et le rapporteur citait à l'appui de son dire les nombreuses et
volumineuses protestations que la commission avait
reçues contre le projet.

Enfin, il est un autre passage du rapport qu'il
importe également de citer. Après avoir remarqué
que l'État seul était dispensé de pourvoir aux dépenses des enfants assistés, M. le baron Buquet s'exprimait
ainsi : « Il est bon au point de vue moral, au point de
« vue humanitaire et social envisagé dans ce qu'il
« y a de plus vrai et de plus juste, que l'État inter-
« vienne autrement que par la surveillance dans cette
« grande question des enfants trouvés. Le contingent
« qu'il apportera au paiement de la dépense donnera
« certainement à ses décisions plus de force et
« d'autorité. »

Appuyée sur ces considérations, la commission rejeta
le projet du gouvernement et présenta un contre-projet
qui divisait les dépenses en trois classes : 1° dépenses
intérieures, 2° dépenses extérieures, 3° dépenses de
vêtures (1). Ces dépenses devaient être acquittées par
trois budgets différents :

Les dépenses intérieures, ou de premiers soins, par
le budget de l'hospice dépositaire.

Les dépenses extérieures, ou de nourriture et d'éducation par le budget du département, augmenté du
contingent des communes, et d'autres ressources
spéciales.

Les dépenses de vêtures ou d'habillement par le
budget général de l'État.

____

(1) Art. 1 du contre-projet. *Moniteur* du 18 juin 1868, p. 871.

Le gouvernement ne se rallia pas à ce contre-projet et retira sa proposition le 7 mai (1). Mais les plaintes des hospices, les réclamations des conseils généraux (2) devenant plus pressantes, le 30 mars 1869 il présentait une nouvelle loi d'après laquelle les dépenses des enfants assistés étaient divisées en : dépenses intérieures, dépenses extérieures, dépenses d'inspection et de surveillance.

L'État s'engageait à supporter les frais d'inspection et de surveillance, plus un cinquième de la dépense intérieure (3). Les quatre autres cinquièmes étaient supportés par les hospices dépositaires ; cependant les hospices non dépositaires pouvaient être appelés à en payer une certaine part déterminée par les conseils généraux. Les dépenses extérieures étaient soldées en principe par le budget départemental avec l'aide du contingent des communes.

La commission du corps législatif (4) par l'organe de M. le baron Buquet, son rapporteur (5), fit remarquer que la dépense des enfants incombait à la famille, à son défaut à la commune et à défaut de la commune, au département et à l'État qui représente la famille

(1) Voyez *Moniteur* du 8 mai 1868, p. 625.

(2) Quelques-uns se déclaraient prêts à refuser la subvention.

(3) C'est à tort que dans sa brochure intitulée : *Modifications apportées par la loi du 5 mai 1869 dans le service des enfants assistés du département du Rhône*, M. Fayard dit que les dépenses intérieures continuaient à comprendre les vêtures. Elles comprenaient bien les layettes, mais les vêtures figuraient parmi les dépenses extérieures. Voyez *Journal officiel* du 12 avril 1869, p. 512.

(4) Elle était composée de MM. Delamarre, président, Pissard, secrétaire, Boutelier, le baron Buquet, Bertrand, le comte de Boigne, le baron Sibuet-Perier, Dessaignes.

(5) Voyez *Journal officiel* du 5 mai 1869, annexe de la séance du 20 avril.

toute entière. — Qu'il était inexact de prétendre que la dépense des enfants assistés était une dépense hospitalière au premier chef. « Cela ne serait vrai, disait « le rapporteur, que s'il y avait un hospice dans chaque « commune, or il y a en France 36,000 communes, et « il n'existe que 1,586 hospices de toute nature et « seulement 185 hospices dépositaires ».

A la suite du rapport, la commission présentait un projet de loi modifiant celui du gouvernement sur deux points : 1° il exonérait les hospices dépositaires et autres de toute contribution directe dans la dépense du service des enfants assistés ; 2° il décidait que le contingent des communes, réglé chaque année par le conseil général, ne pouvait excéder le cinquième des dépenses extérieures (1). En outre, il consacrait le principe de la contribution de l'État.

Le gouvernement adopta ces modifications et son projet, amendé dans le sens que nous venons d'indiquer, est devenu la loi du 5 mai 1869 que nous devons maintenant expliquer.

### III.

Les dépenses des enfants assistés se divisent en trois catégories. (Art. 1.)

1° Dépenses intérieures ; 2° dépenses extérieures ; 3° dépenses d'inspection et de surveillance.

1° DÉPENSES INTÉRIEURES. (Art. 2.) En premier lieu,

---

(1) Le projet du gouvernement disposait que le contingent des communes ne pouvait excéder le tiers des dépenses extérieures. Mais la commission pensa qu'en présence des charges qui pesaient déjà sur les communes et du peu de ressources d'un grand nombre d'entre elles, il valait mieux maintenir le statu quo.

les dépenses occasionnées par *le séjour des enfants à l'hospice*. Il faut y comprendre tous les séjours que l'enfant assisté vient faire à l'hospice qui l'a reçu, lorsque pour une cause ou pour une autre, il quitte la maison de son nourricier. « On comprend, dit l'exposé « des motifs de la loi, que ces séjours sont indispen- « sables; l'enfant assisté est le pupille de l'hospice, la « maison hospitalière est sa maison de famille ».

En second lieu, les dépenses *de nourrices séden- taires à l'hospice*. Il faut entendre par ce terme, nour- rices sédentaires, les femmes capables de donner à l'enfant l'allaitement naturel et non pas celles qui pendant les premiers jours de sa vie le nourrissent au biberon, ou à l'aide d'autres moyens artificiels. Telle est l'explication donnée par le ministre dans la circulaire du 3 août 1869.

En troisième lieu *les layettes*.

Le prix des layettes et des frais de séjour est, aux termes du paragraphe final de l'article 5, réglé tous les cinq ans par un arrêté préfectoral sur la proposi- tion des commissions administratives des hospices dépositaires et après avis du Conseil général du dépar- tement.

Quant aux conditions d'après lesquelles devra être déterminé le tarif des frais de séjour, elles sont indi- quées dans l'exposé des motifs de la loi, et dans le rapport de la commission législative ; le ministre dans sa circulaire, les résume fort exactement en quelques mots : « les frais de séjour devront représenter à peu « près l'équivalent de la pension payée au nourri- « cier. » Ceci néanmoins sous le bénéfice de cette remarque faite par le ministre : « lorsqu'il s'agit de

« placements à la campagne, le taux de la pension
« diminue à mesure que l'enfant peut rendre plus de
« services à sa famille adoptive ; tandis que pour les
« hospices cette compensation n'existe pas. Il est
« donc juste de calculer le prix de journée, non pas
» sur le taux décroissant de la onzième et de la dou-
« zième année, mais d'après les proportions les plus
« élevées du tarif départemental. » Ce mode de calcul
ne peut lui-même être adopté pour les hôpitaux des
grandes villes sous peine de rester au-dessous de la
vérité. Aussi à Lyon, en 1868, M. Chevreau, alors
préfet du Rhône, déclarait au Conseil général que le
taux fixé par le ministre de l'intérieur ne permettait
pas d'établir un prix de journée suffisamment rému-
nérateur et proposait d'allouer 1 fr. 25 (les mois de
nourrice étaient en moyenne de 15 à 20 francs) ; la
commission hospitalière réclamait 1 fr. 55. Le Conseil
général n'alloua que un franc et sa décision fut approuvée par le ministre. L'arrêté préfectoral qui fixait
ce taux assignait à la décision prise ce motif : qu'on
ne doit comprendre dans le prix de journée, ni l'entretien du mobilier et des locaux affectés au service
des enfants assistés ou secourus, ni les frais de nourriture et d'entretien du personnel exclusivement attaché à ce service (1). Nous ne saurions admettre une
telle interprétation de la loi et les termes qu'elle em-
ploie ne peuvent s'y prêter. La loi dit en effet : les
frais occasionnés par le séjour de l'enfant ; n'est-ce
pas là une expression embrassant tous les frais pos-

---

(1) Voyez FAYARD. *Modifications apportées dans le service des enfants
assistés du département du Rhône par la loi du 5 mai 1869*, p. 34.

sibles? Et du reste comment donner à l'enfant des soins utiles si on n'a pas des locaux en bon état, un matériel bien entretenu et un personnel dévoué?(1).

2° Dépenses extérieures. (Art. 3.) 1° *Les secours temporaires destinés à prévenir ou à faire cesser l'abandon.* — On les appelle aussi secours aux filles-mères à domicile. — C'est la disposition qui donne une existence légale au mode d'assistance actuellement pratiqué. Nous ne voulons pas nous étendre davantage sur cet ordre de dépenses dont nous avons parlé dans le chapitre II. Disons seulement que le taux du secours temporaire varie dans chaque département et que dans quelques-uns il n'y a pas de différence entre le secours temporaire et la pension payée aux nourriciers. Dans ces départements, on a prévu avec raison le cas où la mère serait-elle-même obligée de placer son enfant en nourrice (2).

2° *Le prix de pension et les allocations règlementaires ou exceptionnelles concernant les enfants placés à la campagne ou dans les établissements spéciaux, les primes aux nourriciers, les frais d'école, s'il y a lieu, et les fournitures scolaires.*

La quotité de la pension à payer aux nourriciers est réglée par le préfet de concert avec le Conseil général (3).

(1) Nous n'entrons pas dans les détails de la composition des layettes qui varie de département à département. Pour avoir sur ce point des idées exactes, on pourrait consulter utilement les dispositions règlementaires mises à la suite de l'enquête de 1860, chap. VII, art. 50, p. 366.

(2) *Circulaire du 3 août 1869.*

(3) Elle varie par conséquent d'un département à l'autre. Dans le département de Meurthe-et-Moselle elle est fixée ainsi qu'il suit :

    18 francs par mois pour les enfants de 1 jour à   9 mois,
    15        —               —        de 9 mois à  2 ans,
    12        —               —        de 2 ans  à 12 ans.

Dans le cas où les hospices, par suite du grand nombre de leurs pupilles et du manque de nourrices, sont obligés d'effectuer une partie de leurs placements dans les départements voisins, il importe que les deux préfets se concertent afin, dit la circulaire du 3 août 1869, « que les nourriciers auxquels ont « recours les départements étrangers ne reçoivent pas « une rémunération hors de proportion avec celle que « leur offrent les hospices locaux. » Et la raison en est que si cette condition n'était pas observée, les hospices locaux ne pourraient placer leurs pupilles.

Les allocations règlementaires, dont parle notre article, sont des encouragements pécuniaires accordés aux nourriciers. Elles ont été établies par l'arrêté du 30 ventôse an V et sont au nombre de trois.

La première est de 18 francs, elle se paie à raison de 6 francs par mois, de trois en trois mois, jusqu'à ce que l'enfant ait atteint l'âge de neuf mois. (Art. 8, § 1 de l'arrêté du 30 ventôse.)

La deuxième est fixée à 50 francs, elle est attribuée aux nourriciers qui ayant conservé des enfants assistés jusqu'à l'âge de douze ans, les auront préservés de tous les accidents provenant du défaut de soins. (Art. 8, § 2, de l'arrêté du 30 ventôse.)

La troisième, également de 50 francs, revient à titre de frais de trousseau aux cultivateurs et artisans chez lesquels sont placés des enfants de douze ans, ou aux nourriciers qui les ayant élevés jusqu'à cet âge se chargent de leur apprendre un métier. (Art. 15 de l'arrêté du 30 ventôse.)

La loi de 1869 a été plus loin encore que l'arrêté de ventôse, car elle comprend dans les dépenses extérieures, outre les allocations règlementaires, des primes qui pourront être décernées aux nourriciers à raison de leurs bons soins pour les enfants.

Les indemnités qualifiées d'exceptionnelles sont applicables aux établissements spéciaux où auront été placés les infirmes et les indisciplinés ; leur taux n'a rien de fixe. Il est déterminé par des arrêtés pris spécialement à raison de chaque cas particulier, par le préfet.

3° *Les frais de vêtures.* — La loi de 1869 a ainsi fait cesser la controverse que nous avons signalée plus haut. En même temps, elle a assigné aux vêtures leur véritable place. Devant être employées hors de l'hospice, il était rationnel de les ranger parmi les dépenses extérieures. Toutefois il a été entendu que les hospices continueraient à les fournir, sauf remboursement ultérieur. Parce que, comme le dit très bien l'exposé des motifs, « les connaissances, le zèle, la pro-« bité, la surveillance des administrations hospita-« lières garantissent que sortant de leurs mains, les « vêtures atteindront le but qu'on se propose, sans « que la dépense atteigne des proportions exagérées. » Il leur est toutefois recommandé d'éviter dans la confection des vêtements ce qui offrirait trop l'apparence et le caractère d'un costume spécial (1).

Pour ce qui est du nombre des vêtures, le ministre dans la circulaire du 3 août 1869, renvoie à l'enquête de 1860 qui le portait à 12. Il laisse toutefois aux

(1) Les hospices de la Charente délivraient autrefois des vêtures dont l'étoffe constituait une espèce d'uniforme. Les nourriciers préféraient renoncer à cet avantage, plutôt que de voir ainsi signalés aux regard les enfants dont ils se chargeaient. (*Enquête de 1860*, p. 73, note 1.)

préfets le soin d'apprécier, en tenant compte des habitudes locales et des nécessités, s'il n'y aurait pas lieu à augmenter ou à diminuer ce nombre (1).

4° *Les frais de déplacement soit des nourrices, soit des enfants, et au besoin les frais relatifs à l'engagement des nourrices.*

5° *Les registres et imprimés de toute nature, les frais de livrets et les signes de reconnaissance établis par les règlements.* — Ces signes de reconnaissance ne doivent pas être trop apparents afin qu'ils ne deviennent pas une sorte de stigmate. Aussi l'administration recommande, de préférence aux boucles d'oreilles employées autrefois, l'usage de colliers passés au cou de l'enfant et garnis d'une petite médaille en argent portant la désignation de l'hospice dépositaire et du numéro sous lequel l'enfant est inscrit. Ce collier lui est retiré quand il a accompli sa cinquième année. (*Circulaire du 3 août 1869.*)

6° *Les frais de maladie et d'inhumation des enfants placés en nourrice ou en apprentissage.*

3° DÉPENSES D'INSPECTION ET DE SURVEILLANCE. — Ces dépenses comprennent les frais de traitement et de tournées des inspecteurs et sous-inspecteurs, et généralement tous les frais occasionnés par la surveillance du service. (Art. 4.) Disons tout de suite pour n'y plus revenir que ces dépenses sont pour la totalité à la charge de l'État. (Art. 6.)

(1) Les douze vêtures devaient d'après le projet de règlement annexé à l'enquête de 1860, être fournies d'année en année jusqu'à douze ans. Voir ce projet de règlement qui indique de quoi doit se composer chaque vêture. *Rapport sur l'enquête de 1860*, p. 367 et suiv.

Ressources affectées au paiement des dépenses intérieures et extérieures. (Art. 5.)

1° *Le produit des fondations, dons et legs spéciaux faits à tous les hospices du département au profit des enfants assistés.* — Malgré la clarté des expressions dont s'est servi la loi, certains conseils généraux, et notamment celui du Rhône, ont cru pouvoir décider que : dans le cas où aucune donation spéciale n'a été faite aux enfants assistés, le département peut réclamer une part proportionnelle de tous les dons offerts aux hospices ; parce que, disent-ils, le service des enfants assistés a sur ces libéralités des droits égaux à ceux des autres services des hospices.

On ne peut interpréter ainsi la loi de 1869, sans donner à ses termes une portée que le législateur n'a certainement pas voulu leur attribuer. « Sans doute, « dit à ce propos M. Fayard (1), le département ne doit « supporter que les charges légales, mais il doit les « supporter complètement. Or prétendre que les fon- « dations, dons et legs faits aux hospices sans dési- « gnation spéciale, doivent profiter en partie aux en- « fants assistés, c'est tout à la fois méconnaître l'esprit « et le but de la loi, et ne tenir aucun compte de ses « termes si clairs et si précis. »

La loi n'a pas indiqué à quel ordre de dépenses les ressources provenant des dons et legs spéciaux de- vraient être employées ; mais il a été convenu dans la discussion, et cela est formellement exprimé dans la circulaire de 1869, qu'on s'en servirait de préférence

_______

(1) Fayard. *Modifications apportées par la loi du 5 mai 1869 dans le service des enfants assistés du département du Rhône.*

pour couvrir les dépenses intérieures. « Il a été en
« tendu, dit le rapporteur de la commission du Corps
« législatif, que le concours du département, des com-
« munes et de l'État n'aura lieu que dans le cas où
« les ressources indiquées au paragraphe I<sup>er</sup> de l'ar-
« ticle 4 (1) seraient insuffisantes pour couvrir inté-
« gralement les dépenses intérieures (2). »

2° *Les amendes de police correctionnelle.* — C'est la
consécration par la loi des dispositions d'un arrêté des
consuls en date du 25 floréal an VIII.

3° *Le budget départemental.* C'est la ressource principale. La loi du 5 mai 1869 ajoute d'une manière
notable aux charges des départements ; aussi le
ministre recommande-t-il aux administrations départementales d'user des moyens coercitifs mis à leur disposition (3) ; et insiste sur la nécessité de développer

(1) Il est question ici de l'article 4 du projet du gouvernement qui est
devenu l'article 5 dans la rédaction définitive.

(2) Voyez *Journ. off.* du 5 mai 1869, p. 676.

(3) M. Ferrer a proposé au conseil général du Rhône un moyen fort
certain, mais d'ailleurs impraticable, de procurer au département les
ressources nécessaires au service des enfants assistés. Voici cette proposition avec ses principaux motifs:

Considérant qu'il est de toute justice de faire supporter les frais d'entretien des enfants assistés par les personnes privilégiées qui se livrent
à la débauche, et qu'il est souverainement inique de laisser ces frais à
la charge de personnes de bonnes mœurs ne jouissant d'aucun privilège.

Que ce sont les célibataires, militaires, de robe et de tout état, les
états-majors si nombreux et si inutiles, qui remplissent tous les états
d'opinions corrompues et de mauvaises mœurs.

Que les gens d'église et jusqu'aux trappistes, tout le monde prétendu
supérieur est livré à la débauche, au dégoût et à la honte pire que
la mort.

Délibère:

Art 1<sup>er</sup>. Il sera pourvu aux frais d'entretien des enfants abandonnés au
moyen d'un prélèvement du quart du traitement ou de la pension de
tout employé célibataire, résidant dans le département du Rhône, depuis

de plus en plus l'institution du secours temporaire, de multiplier les placements à la campagne, de n'autoriser qu'exceptionnellement la présence des enfants à l'hospice dépositaire. Il rappelle, citant sur ce point le rapport de la commission législative, que les seuls enfants qui peuvent être secourus comme enfants assistés sont : les enfants nés hors mariage ou de parents inconnus, les enfants de condamnés et les orphelins pauvres. Les autres enfants rentrent dans la catégorie des indigents ordinaires, à la charge de l'assistance locale (1).

4° *Le contingent des communes.* Les conseils généraux sont autorisés par la loi à imposer aux communes une contribution qui ne peut excéder le cinquième des dépenses extérieures. Lors de la mise en discussion du projet de loi, MM. de la Guistière et Joliot avaient déposé un amendement tendant à faire décharger les communes de toute participation à la dépense des enfants assistés. La commission, et nous ne pouvons que l'approuver, ne partagea pas l'opinion des auteurs de l'amendement. Il lui parut, et ici nous laissons parler le rapporteur, que : « dans notre grande orga-
« nisation française si logique, si raisonnée, imitée par-

---

le plus modeste employé jusqu'au plus haut fonctionnaire ; qu'il appartienne ou qu'il ait appartenu, soit à l'armée, soit à l'Église, soit à la magistrature, soit à une administration publique quelconque. Voyez le *Petit Moniteur universel* du 17 septembre 1879 et *Paris-Journal* du 19 sept. 1879 qui raille fort spirituellement la proposition Ferrer, dans un article intitulé : Au chevet de la malade.

(1) Nous avons déjà eu occasion de dire que cette dernière prescription n'est pas complètement observée ; et que dans certains départements on a pris l'habitude de distribuer sous le nom de secours *extra-légaux,* sur le budget des enfants assistés, des secours à des enfants légitimes indigents.

« tout, qui se compose de la commune, du département
« et de l'État, à défaut de la famille c'est à la com-
« mune, à défaut de la commune c'est au département
« et à l'État qu'il incombe de venir au secours
« des enfants privés de parents et abandonnés à
« l'assistance publique. *Qu'il est utile et moral de
« faire intervenir particulièrement la commune dans la
« dépense et de combiner utilement les ressources de*
« tous, pour solder les frais d'entretien des enfants
» qui n'appartenant à personne, appartiennent à tout
« le monde. (1) »

Mais les communes sont-elles tenues de participer
collectivement à la dépense, ou faut-il au contraire
décider, que la contribution pécuniaire ne peut être
exigée que des communes dans lesquelles les enfants
ont leur domicile de secours?

Le conseil d'État consulté sur ce point par M. le
Ministre de l'intérieur a décidé, par un avis du 31 mars
1881, que le contingent communal à fournir pour les
dépenses des enfants assistés devait être prélevé en
principe sur toutes les communes du département :
que le conseil général chargé de la fixation et de la
répartition du contingent, ne pouvait valablement
dispenser de la contribution que les communes qui
n'avaient pas le moyen de la supporter.

Cette décision nous semble fort exacte ; elle est
d'ailleurs facile à justifier. La loi de 1869 s'est servie
des termes employés par la législation antérieure,
sous l'empire de laquelle des circulaires ministérielles
avaient décidé que le concours des communes devait

______

(1) *Journ. off.*, 5 mai 1869, p. 676.

être imposé à toutes suivant leurs ressources, ce qu'elle n'eut certainement pas fait si elle eut voulu modifier la pratique précédemment suivie. En outre la raison qui avait guidé le législateur pour établir cette règle subsiste toujours : cette raison est la difficulté qu'il y a dans un grand nombre de cas, de constater le domicile de secours.

La solution que nous donnons ici avait du reste été admise dans tous les départements, sauf dans un seul, où le conseil général avait décidé : que le cinquième des dépenses extérieures des enfants assistés serait réparti seulement entre les communes dans lesquelles ces enfants avaient leur domicile de secours. C'est cette décision qui avait motivé la question de M. le Ministre de l'intérieur au conseil d'État. (*Revue d'administration, juin 1881.*)

5° *La subvention de l'État.* Cette subvention est égale au cinquième des dépenses intérieures. L'avance en est faite chaque semestre par la caisse départementale et le remboursement a lieu sur production d'un bordereau certifié par le préfet.

Cette contribution de l'État n'est due que dans le cas où les fondations, dons et legs spéciaux ne suffiraient pas à couvrir les dépenses intérieures. En aucun cas, il ne peut être obligé d'aider au paiement des dépenses extérieures. Cela a été déclaré expressément au nom de la Commission législative, auteur de l'amendement tendant à faire contribuer l'État aux dépenses des enfants assistés, par son rapporteur.

Telles sont les ressources attribuées par la loi à la caisse des enfants assistés. Comme on le voit, les hospices dépositaires sont complètement exonérés;

cependant cela n'est pas absolument exact en fait.
Car, ainsi que le constate le rapport de la commission
législative, quoi qu'on fasse il restera toujours à la
charge des hospices dépositaires, des dépenses qu'on
ne peut faire entrer en ligne de compte; telles que
celles d'entretien, d'appropriation, souvent même de
création de locaux, celles du personnel de l'hospice
qui ne peuvent pas être toutes comprises dans le
premier paragraphe de l'article 2 du projet: frais
occasionnés par le séjour des enfants à l'hospice.
Il ne nous semble pourtant pas que la commission ait
voulu dire que toutes ces dépenses seraient supportées
intégralement par les hospices dépositaires, comme
l'a prétendu en 1870 le préfet du Rhône; autrement
la décharge demandée pour eux, qu'on semblait
leur avoir accordée, serait absolument illusoire. Nous
croyons que la commission a voulu simplement émettre
cette idée, qu'elle n'a peut être pas très exactement
rendue, qu'il serait difficile en fait de faire un calcul
absolument exact des dépenses dont elle donne l'énumération pour les faire rentrer dans les frais de séjour
d'un enfant à l'hospice, et que la différence serait
supportée par les hospices dépositaires.

Ainsi, et pour nous résumer : les dépenses intérieures sont couvertes par le produit des fondations
spéciales aux enfants assistés. En cas d'insuffisance
par une subvention de l'État qui ne peut excéder le
cinquième des dépenses intérieures. Si additionnées
ces ressources ne suffisent pas, on a recours aux
amendes de police correctionnelle, aux budgets départementaux et communaux.

Les dépenses extérieures sont couvertes par : les

amendes de police correctionnelle, le budget départemental (1), le contingent des communes, lequel ne peut excéder le cinquième des dépenses extérieures. Dans le calcul du contingent de la commune, il faut bien entendu faire entrer en ligne de compte ce que la commune aura pu être obligée de fournir au cas d'insuffisance des ressources affectées au paiement des dépenses intérieures.

Les frais d'inspection et de surveillance sont entièrement à la charge de l'État (2).

(1) En 1878, le service des enfants assistés a coûté au département des Vosges, 53,689 fr. 29 c. qui se décomposent comme il suit :

FRAIS INTÉRIEURS.

| | | |
|---|---|---|
| Séjour des enfants à l'hospice nourrices sédentaires | 10.133f 67c | 10.203f 01c |
| Layettes | 69 34 | |

FRAIS EXTÉRIEURS.

| | | |
|---|---|---|
| Secours temporaires | 14.980f 59c | |
| Pensions, allocations, etc. | 20.728 16 | |
| Vêtures | 6.615 42 | 43.486f 28c |
| Voyages, déplacements | 600 20 | |
| Imprimés et signes de reconnaissance | 395 91 | |
| Maladie, inhumations | 166 » | |

Voici d'après les derniers budgets les sommes dépensées dans quelques départements pour le service des enfants assistés.

| | | | | |
|---|---|---|---|---|
| Rhône | 620.000f | Loiret | 135.556f | »c |
| Gironde | 288.000 | Côte-d'Or | 132.000 | » |
| Saône-et-Loire | 260.000 | Yonne | 111.500 | » |
| Loire-Inférieure | 188.952 | Pas-de-Calais | 105.556 | 28 |
| Orne | 195.000 | Haute-Vienne | 92.000 | » |
| Sarthe | 151.297 | Cher | 78.000 | » |
| Ain | 156.743 | Nièvre | 70.000 | » |
| Allier | 116.904 | | | |

Rapport de M. Sourd, inspecteur des enfants assistés du département de la Nièvre, 1880.

(2) La loi de 1869 est muette sur la question de dévolution de la succession des enfants assistés. C'est une lacune qu'il faudrait combler. Autrefois elle était attribuée aux hospices, et c'était justice puisqu'ils payaient

Quant *au mode de paiement* des dépenses il est réglé
par une circulaire ministérielle du 22 novembre 1862.
Cette circulaire s'exprime ainsi : « A dater de 1863,
« les commissions administratives des établissements
« dépositaires dresseront trimestriellement ou men-
« suellement les décomptes par communes des frais
« relatifs aux enfants trouvés, abandonnés ou orphe-
« lins. Les états de paiement certifiés par un des ad-
« ministrateurs vous seront présentés (au préfet) et
« sur vos mandats, le payeur en versera le montant au
« receveur général qui fera acquitter les pensions et
« frais accessoires par les percepteurs dans les loca-
« lités autres que celles où sera située la maison dé-
« positaire. Quant aux paiements à effectuer au siège
« même de l'hospice, ils auront lieu par les soins de
« son receveur qui agira alors comme le font les per-
« cepteurs, à titre de simple intermédiaire. Après
« paiement, la totalité des pièces sera rattachée à la
« comptabilité du payeur du département. »

Voilà comment les choses se passent aujourd'hui
encore, sous cette réserve que les fonctions de payeur
ayant été supprimées c'est le trésorier payeur général qui remplit l'office du payeur. Ajoutons aussi que
les dépenses des frais de séjour des enfants à l'hospice, des nourrices sédentaires et des layettes, en un
mot les dépenses intérieures sont avancées par les
hospices qui sont remboursés chaque semestre, sur
présentation de bordereaux.

la plus grande partie de la dépense. Partant de ce principe, il nous sem-
blerait juste, actuellement, d'en faire profiter tous les budgets qui contribuent aux dépenses du service au prorata de leur contribution.

## IV.

Sous l'empire du décret de 1811, l'État présidait à la distribution des secours aux enfants assistés ; le détail en était abandonné aux soins des commissions administratives des hospices. A partir de 1818, une fois la subvention de l'État supprimée, il était naturel qu'il n'en fût plus ainsi. Mais maintenant que le principe de la contribution de l'État aux dépenses des enfants assistés est de nouveau reconnu et consacré, il nous semble qu'il y aurait avantage à revenir aux errements de 1811 et à substituer l'État au département dans la direction du service. Cette disposition permettrait de l'organiser d'une façon plus uniforme, et de lui imprimer une direction unique.

Il serait bon aussi, et c'est la conséquence de ce que nous proposons, que les inspecteurs départementaux devinssent des fonctionnaires de l'État puisque c'est lui qui les paie, et relevassent directement du ministre de l'intérieur qui les nomme, au lieu de dépendre des préfets et des conseils généraux.

C'est à la même conclusion qu'arrive sur ce point M. d'Haussonville dans son livre : l'*Enfance à Paris.* « Le « principe de la part contributive de l'État étant admis, « dit-il, on aurait dû peut-être proclamer que le ser- « vice des enfants assistés n'est ni un service munici- « pal, ni un service départemental, mais un service « d'intérêt public dont l'État a le droit d'assumer la « direction et de revendiquer les ressources. »

On s'est élevé aussi contre le paiement par état qui, surtout en ce qui concerne les nourriciers, a l'inconvénient de les obliger à attendre souvent un mois ou six semaines le paiement des sommes qui leur sont dues. La réforme a été tentée avec succès dans le département de la Nièvre ; le paiement par mandat individuel a été substitué au paiement par état. M. Sourd, inspecteur de l'assistance publique attribue à ce mode de procéder, outre qu'il est plus rapide, ce grand avantage qu'il permet aux nourriciers de se présenter chez le percepteur pour toucher, le jour qui les dérange le moins (1).

(1) Nous donnons ici un modèle des mandats de paiement, qui nous a été envoyé par M. Sourd. On remarquera le certificat de vie qui est au bas, dont les termes obligent le maire à se faire représenter l'enfant et à s'assurer des soins qui lui sont donnés.

N° du décompte — ASSISTANCE PUBLIQUE DE LA NIÈVRE — Année 188 .

ARRONDISSEMENT d — PERCEPTION d — ENFANTS TEMPORAIREMENT SECOURUS — ᵉ TRIMESTRE

Le présent DÉCOMPTE est payable pendant deux mois seulement, à partir de sa date.

M. le Percepteur payera à la nommée demeurant à , sur production du certificat de vie ci-après, dûment signé par l'autorité locale, et sur le vu du livret de secours, la somme de , montant du secours temporaire alloué pour l'entretien de l'enfant , né le (N° matricule ), pendant le trimestre 188 .

Ladite somme se décomposant ainsi : (Taux )

jours, mois, à raison de . . . . . . . .
  id. id. — de. . . . . . . .
Indemnité de . . . . . . . . . . . . . .
  id. de. . . . . . . . . . . . . .
  id. de. . . . . . . . . . . . . .
Frais funéraires. . . . . . . . . . . . .

A Nevers, le 188 .

Pour quittance de la somme ci-dessus.

A , le 188 .      *Le Préfet de la Nièvre,*

| Signature de la partie prenante. | Signature de deux témoins dans le cas où la partie prenante ne saurait signer. |
| --- | --- |

**CERTIFICAT DE VIE**

Nous, soussigné, Maire d , canton d , certifions que l'enfant demeurant dans notre commune, chez la nommée rue ou hameau d , est vivant et bien soigné, ainsi que nous nous en sommes assuré par la présentation qui nous en a été faite.

A , le 188 .      *Le Maire,*

(Cachet de la Mairie.)

NOTA. — Dans les premiers jours de chaque trimestre, les mères ou gardiennes présenteront les enfants à MM. les Maires, qui signeront et leur remettront immédiatement les certificats de vie. — En cas de décès avant la fin du trimestre, le Maire renverra cette pièce à la préfecture en y joignant le livret pour faire établir le prorata des sommes dues. — En cas de placement chez deux gardiennes dans deux localités différentes, dans le même trimestre, le certificat d'existence à produire par la première pourra être délivré par l'Inspecteur départemental, avec mention que l'enfant a changé de gardienne.

Nous ne pouvons que louer l'initiative prise dans le département de la Nièvre, et exprimer le désir que désormais les paiements se fassent dans tous les autres départements comme dans celui-là.

———

# APPENDICE

## De la recherche de la paternité

Dans la *Revue des Deux-Mondes* du 1<sup>er</sup> décembre 1875, un économiste distingué, correspondant de l'Institut, M. de Molinari, écrivait que la véritable solution de la question des enfants assistés était dans l'accroissement du nombre des reconnaissances et dans la diminution des naissances illégitimes ; qu'on obtiendrait ce double résultat par la suppression de l'article 340 du Code civil qui interdit la recherche de la paternité.

Sans aller aussi loin que l'auteur que nous venons de citer, sans croire que la faculté de rechercher la paternité serait la solution de la question des enfants assistés — parce que cette question, comme tous les problèmes sociaux, ne comporte que des améliorations et pas une solution dans le sens absolu du mot — il nous semble cependant que la recherche de la paternité serait d'une heureuse influence sur la diminution du nombre des enfants assistés. « Les « modes d'assistance actuellement employés, dit « M. Pallu (1), sont et seront toujours insuffisants,

(1) PALLU, l. c.

« tant que notre action ne pourra s'exercer que sur
« les effets, négligeant la cause et lui laissant toute la
« liberté de continuer son œuvre de démoralisation. »
Cette cause, M. Pallu la nomme, c'est la séduction,
et il cite le mot de M. Legouvé dans son *Histoire morale des femmes :* Il faut une loi contre la séduction.

Cet appel a été entendu, et à la date du 16 février
1878, MM. Bérenger, de Belcastel, Foucher de Careil
et Schœlcher, sénateurs, ont déposé sur le bureau du
Sénat, un projet de loi dont nous allons passer en revue rapidement les dispositions.

Nous ne voulons pas, et cela n'entre pas dans le cadre
de notre travail, faire l'histoire de la question de la recherche de la paternité. Disons seulement que les rédac-
teurs du Code civil ont cru devoir la proscrire pour
deux causes principales. D'abord pour raison des scan-
dales qu'elle avait occasionnés dans l'ancien droit (1).
Ensuite parce qu'il y a impossibilité d'établir la preuve
certaine de la paternité, « la nature ayant recouvert
« d'un voile impénétrable la transmission de notre exis-
« tence (2). » Mais, remarquons-le, il y a ici une confusion d'idées ; la maternité se démontre bien en tant
qu'accouchement matériel, mais pas en tant que filiation. Car lorsqu'il s'est écoulé un certain temps depuis l'accouchement, chacun comprend combien il
peut être difficile à l'enfant de prouver, comme le lui

(1) C'est alors, dit Loyseau, qu'on vit des hommes chastes et vertueux
devenir pères du jour au lendemain en vertu de la fameuse maxime: *Creditur virgini parturienti* (creditur virgini dicenti se ab aliquo cognitam, et
ex eo prægnantem esse, disait au seizième siècle le président Favre) et des
filles éhontées mentir à leur conscience, même au milieu des convulsions
du plus pénible accouchement.

(2) Bigot-Préameneu.

impose l'article 341, qu'il est identiquement le même que celui dont sa prétendue mère est accouchée.

Quant au danger du scandale, au trouble que ces sortes d'actions apportent dans les familles, nous répondrons avec l'exposé des motifs du projet de loi de 1878 : « Qu'avec la latitude que les principes mo- « dernes assurent aujourd'hui à la liberté du débat « judiciaire; avec la liberté également absolue qui « appartient, d'abord à la contradiction, ensuite à « l'appréciation du juge désormais dégagée de toute en- « trave; il n'est pas possible de voir se reproduire les « désordres signalés sous l'ancienne jurisprudence. » Que du reste, avec la règle actuelle les procès sur la question qui nous occupe n'ont pas moins lieu, puisque la jurisprudence autorise la demande en dommages-intérêts fondée sur l'article 1382, dirigée par la fille séduite contre son séducteur (1).

La proposition de loi contient quatre articles (2).

Article 1. — *L'article 340 du Code civil est modifié ainsi qu'il suit : La recherche de la paternité est interdite, sauf dans les cas : 1º d'enlèvement, de viol ou de séduction, lorsque l'époque de l'enlèvement, du viol ou de la séduction se rapporte à celle de la conception ; 2º de possession d'état dans les conditions prévues par l'article 321 du Code civil.*

(1) Voyez dans ce sens des arrêts de Bastia, 3 fév. 34; Bordeaux, 5 août 47; 5 janv. 48; 23 nov. 52; Caen, 6 juin 50; 10 juin 62; Montpellier, 10 mai 51; Dijon, 10 avril 61; Colmar, 31 déc. 63; Aix, 8 avril, 73; Angers, 30 avril, 73. — De tous ces arrêts, il résulte que la séduction exercée sur une jeune fille au moyen d'une promesse de mariage et de laquelle est résultée une grossesse, constitue un quasi-délit qui peut motiver contre son auteur une action en dommages-intérêts.

(2) Voyez pour l'exposé des motifs du projet de loi, le *Journal officiel* du 5 mai 1878 Annexe nº 71 bis.

La recherche de la paternité serait donc permise dans trois cas nouveaux.

1° En cas de viol. Le viol implique à la fois l'enlèvement momentané, la violence et le rapprochement. La présomption qui en résulte est donc au moins aussi forte que celle qui résulte de l'enlèvement.

2° En cas de séduction. Quand y aura-t-il séduction ? C'est une question de fait, pour la solution de laquelle on ne peut par conséquent poser de règle générale. Elle sera constituée par un ensemble de manœuvres coupables, dont le caractère a été très nettement indiqué à notre sens par un arrêt de la Cour de Dijon. Il faut, y est-il dit, inégalité d'âge, de position, d'intelligence, même de forces physiques, ne permettant pas de douter qu'il y ait eu une contrainte morale exclusive du consentement (1). Qui ne voit qu'avec de pareilles conditions la crainte de l'arbitraire dans les décisions de la justice est complètement écartée.

3° La possession d'état. La possession d'état en matière de filiation naturelle nous paraît constituer une preuve plus convaincante encore qu'en matière de filiation légitime. Cet aveu constant, réitéré, réfléchi de la paternité naturelle établit, par le fait même d'une manière indiscutable la reconnaissance tacite du père et l'identité du fils.

(1) Arrêt du 16 avril 1861. — La séduction ne doit pas être reconnue dans le cas ou la promesse de mariage n'est survenue qu'après l'établissement des relations illégitimes, ou par suite d'un entraînement mutuel et d'un libre abandon (Dijon, 20 déc. 1867). Ni lorsque la fille était parvenue à une certaine maturité d'âge et ne pouvait à raison des circonstances, croire sérieusement à la possibilité d'un mariage (Le Puy, 19 janv. 1869).

Art. 2. — *L'action en recherche de paternité ne peut être intentée que par l'enfant ou en son nom.*

*Elle se prescrit par six mois à dater de sa majorité.*

*Elle ne peut être exercée durant la minorité qu'après avis favorable du conseil de famille, et désignation d'un tuteur ad hoc, chargé de le représenter dans l'instance.*

La précaution qui consiste à enlever à la mère la direction de l'action pour la confier à l'enfant, assisté d'un tuteur *ad hoc* désigné par un conseil de famille, est sans contredit la plus efficace pour empêcher les abus possibles.

Qu'on ne dise pas qu'avec ce système on méconnaît le droit de tutelle de la mère, nous répondrions avec l'exposé des motifs que cette méconnaissance est suffisamment justifiée par ce qui se passe conformément à l'article 318 en matière de désaveu. Qu'en outre, l'action de l'enfant, dégagée de toute solidarité avec les sentiments divers qui peuvent animer la mère, aura plus d'autorité et rencontrera plus de sympathies.

L'action se prescrira par six mois à compter de la majorité de l'enfant parce qu'il suffit, si l'action n'a pas été exercée durant sa minorité, qu'il ait le temps nécessaire pour se prononcer sur le point de savoir s'il agira personnellement. Sans doute on pourra dire que vingt et un ans et six mois sont pour le père un délai fort long, mais qui ne voit qu'ici l'intérêt de l'enfant doit dominer. D'ailleurs, le père aura toujours la ressource de transiger ou d'user de la faculté de l'article 761 aux termes duquel toute réclamation est interdite aux enfants naturels lorsqu'ils ont reçu du vivant de leur père la moitié de la portion qui leur est attribuée par les articles relatifs à la succession des enfants naturels, avec déclaration expresse de la part du père que son intention est de réduire l'enfant naturel à cette portion.

Art. 3. — *Elle est soumise à l'accomplissement des formalités prescrites en matière de séparation de corps par les articles 875, 876, 877, 878, § 1 et 2 et 879 du Code de procédure civile.*

Cet article établit une nouvelle précaution, pour éviter autant que faire se pourra le scandale d'un débat public. Avant de saisir le tribunal, les parties devront, ainsi que cela se passe en cas d'une demande en séparation de corps, comparaître en personne, sans avoué ni conseil devant le président. Celui-ci leur fera les représentations qu'il croira utiles et ne les renverra à se pourvoir devant le tribunal qu'en cas de non-conciliation.

Art. 4. — *La preuve par témoins n'est admise que dans les conditions de l'article 323 et sous réserve de la preuve contraire, conformément à l'article 324 du Code civil.*

Il faudrait donc pour que la preuve par témoins soit admise dans la matière, qu'il y ait soit un commencement de preuve par écrit, soit des présomptions ou indices graves résultant de faits constants (1).

Tel est sommairement exposé le projet de loi sur la recherche de la paternité, que la législature qui vient de finir n'a pas eu le temps de discuter. Nous es-

---

(1) Voir pour tout ce qui concerne ce projet de loi : exposé des motifs, *Jour. off.* 5 mai 1878, p. 4718, Annexe nº 71 bis. Et le rapport favorable déposé par M. de Gavardie au nom de la 2ᵉ commission d'initiative parlementaire à la séance du 5 avril 1879. *Journ off.* du 15 mai 1879, p. 3945. Annexe nº 171.

pérons que la nouvelle Assemblée l'inscrira en première ligne dans l'ordre de ses travaux et elle l'adoptera, nous n'en doutons pas. Elle donnera ainsi à l'opinion publique une satisfaction qu'elle réclame depuis long-temps par la voix des écrivains et des publicistes les plus célèbres, à quelqu'opinion qu'ils appartiennent.

Du reste, si nous voulons une éclatante manifestation du sentiment public à cet égard, nous la trouvons dans le verdict du jury qui a acquitté Marambat, ce père qui à défaut de loi, se faisant justice à lui-même, a tiré sur le séducteur de sa fille.

# CONCLUSION

Notre conclusion à la fin de ce travail, c'est qu'il importe et au plus tôt de régler par une loi complète la question des enfants assistés. Le législateur ne doit pas se laisser effrayer par les difficultés qui ont fait reculer les législateurs d'autrefois, ces difficultés doivent au contraire stimuler son zèle. Un auteur qui a écrit récemment une brochure sur les enfants assistés (1), conclut en sens tout à fait opposé et dit qu'une loi sur la matière n'est pas nécessaire. « Bien des esprits, « dit-il, se demandent si malgré l'abandon effectif du « décret de 1811, il est bien nécessaire de recourir au « pouvoir législatif et si la meilleure solution n'est « pas la continuation et la simple amélioration de « l'état de choses actuel ». C'est là aussi notre vœu, mais nous voudrions qu'une loi vînt donner au service des enfants assistés la fixité et l'unité que jamais, ni les circulaires ministérielles, ni les arrêtés préfectoraux, ni les délibérations des conseils généraux ne pourront lui attribuer.

Dans le sens de M. Laurent on ajoute « que l'on « serait dispensé ainsi de présenter dans une loi « comme une obligation sociale et à titre de prescrip-« tion uniforme et générale le secours à toutes les

(1) LAURENT. *L'état actuel de la question des enfants assistés. 1876*.

« mères pauvres. » « Car comment, dit-on, imiter la loi
« de l'an II qui avait créé pour la fille-mère un droit
« immoral en même temps que ruineux et refuser
« aux mères d'enfants légitimes ce qu'on accorderait
« aux autres ? Comment, d'un autre côté, sans établir
« une véritable taxe des pauvres, accorder expressé-
« ment et comme un droit légal, le secours aux deux
« catégories ». Ces objections nous semblent peu sérieuses. En maintenant, ainsi que cela se pratique
actuellement, l'admission à bureau ouvert avec enquête
jamais on n'érigera le secours aux filles-mères en obligation sociale, le secours restera ce qu'il est et ce
qu'il doit être : une simple faculté. Loin de nous également la pensée de vouloir qu'on refuse aux mères
d'enfants légitimes ce qu'on accorderait aux autres.
Mais la question n'est plus la même. Pour celles-là, il y
aura toujours les bureaux de bienfaisance, les sociétés
d'extinction de la mendicité et une foule d'associations
de charité privée ; pour celles-ci la caisse des enfants
assistés.

Une loi est donc nécessaire, mais que devra-t-elle
contenir ? Nous n'avons pas la prétention de présenter
ici un projet de loi complet ; nous en esquisserons seulement les traits principaux. Il faudrait selon nous :

1° En ce qui concerne la classification des enfants
assistés, s'inspirer des principes écrits dans la circulaire ministérielle de 1823 pour faire une énumération
complète des différentes classes avec les définitions
exactes de chacune d'elles ;

2° Proclamer l'abolition des tours, leur remplacement par l'admission à bureau ouvert et sur enquête.
Régler la composition des bureaux d'admission.

Consacrer le système du secours à domicile qui est plus protecteur de la vie de l'enfant et qui, en même temps, moralise la mère.

3° Renvoyer à la loi du 23 décembre 1874 sur la protection des enfants du premier âge pour les devoirs des nourrices, sevreuses et gardeuses.

4° Maintenir la division des pouvoirs de tutelle entre les commissions hospitalières et l'inspecteur départemental. Mais, en même temps, prescrire partout d'une façon formelle la création de comités locaux de protection aux enfants assistés. Inviter en outre les autorités administratives à veiller à ce que les membres de ces comités remplissent exactement leurs fonctions.

5° Enfin, écrire dans la loi ce principe : que désormais le service des enfants assistés est un service d'État, que lui seul le dirige et en centralise les ressources.

Pour ce qui est du régime financier, on conserverait la loi existante avec les quelques modifications que nous avons indiquées en traitant de la loi du 5 mai 1869 (1).

(1) Il devrait y avoir aussi dans la loi une partie relative à la question de l'éducation des enfants assistés. Nous n'en parlons pas ici puisque nous avons laissé de côté cette question dans notre thèse.

# L'ASSISTANCE AUX ENFANTS

DANS LES

## DIFFÉRENTS PAYS DE L'EUROPE [1]

---

## ITALIE

Les hôpitaux pour les enfants abandonnés se comptent de la manière suivante : 18 en Piémont, 11 en Vénétie, 13 en Lombardie, 1 en Sardaigne, 15 en Émilie, 22 en Ombrie et dans les Marches, 1 en Campanie, 1 dans les Abruzzes.

Rome. — Le principal établissement consacré aux enfants trouvés est l'hôpital du Saint-Esprit. Il faut toutefois ajouter qu'une partie seulement de cet hôpital leur est affectée. Les bâtiments destinés à ce service ont été construits spécialement dans ce but, sous le pontificat de Sixte IV en 1476; ils ont été restaurés il

(1) Les renseignements que nous donnons ici ont été empruntés pour la plupart à un ouvrage anglais intitulé : *Poor Laws in foreign countries (Sessionnal papers House of lords 1875. vol. XIV)*. Cet ouvrage se compose de la collection des rapports demandés par le gouvernement anglais à ses agents diplomatiques à l'étranger sur les lois relatives aux pauvres dans les pays où ils résident.

y a quelques années, et peuvent contenir 100 enfants et 50 nourrices avec tout ce qui leur est nécessaire.

L'admission se fait au moyen du tour. Du reste, le système du tour est en vigueur à peu près dans toute l'Italie. Un projet de loi tendant à la suppression du tour a été présenté par M. Nicotera en 1877 ; mais il n'a pas encore été discuté, croyons-nous.

Le nombre total des enfants trouvés reçus dans l'hospice de 1850 à 1870 a été de 23,191 dont 11,437 garçons et 11,754 filles. Pendant la période de 1860 à 1869, la moyenne annuelle des enfants admis a été de 1,141, sur lesquels on comptait 382 illégitimes, 300 légitimes et 459 de naissance incertaine.

La moyenne des enfants annuellement entretenus par cet établissement est de 3,628, celle des décès de 981. Le plus grand nombre des enfants reçus est mis en nourrice à la campagne. D'après des calculs faits pour une période de 27 ans, de 1844 à 1870, la moyenne des décès des enfants assistés de 1 jour à 1 an, a été de 88,78 p. % pour ceux élevés à l'hôpital et de 12,80 p. % pour les enfants mis à la campagne.

Le complément de cet hôpital est un établissement appelé *Conservatoire*. Les jeunes filles qui ne trouvent pas à se marier ou à se pourvoir autrement y sont entretenues aux frais du San-Spirito (1). Les garçons qui ne sont pas adoptés par les personnes qui ont eu charge d'eux jusqu'à 10 ans, y sont élevés et apprennent un métier. Ils y restent jusqu'à l'âge de 21 ans.

Il y a en outre à Rome quantité d'œuvres et d'éta-

_______

(1) Celles qui se marient reçoivent une dot de 530 francs.

blissements en faveur de l'enfance et de la jeunesse. Nous en citerons deux seulement.

L'un fondé dans la seconde moitié du siècle dernier, doit son existence aux efforts charitables d'un simple artisan nommé Giovanni Borgi ; il est destiné aux jeunes garçons, orphelins et Romains. Ils sont élevés aux frais de l'œuvre jusqu'à l'âge de 21 ans. On leur fait apprendre un métier mais pas à l'intérieur de l'établissement ; on les place comme apprentis au dehors. Les rentes de cet asile se sont élevées en 1869 à 44,950 francs ; la dépense annuelle pour chaque garçon est de 340 francs.

L'autre asile dont la fondation remonte à 1540 est destiné aux orphelins pauvres nés de parents respectables et romains, mais ayant déjà une certaine instruction élémentaire. On les reçoit de 7 à 10 ans et au lieu de les mettre en apprentissage on leur donne une éducation classique.

Venise. — L'hôpital des enfants trouvés porte le nom d'hôpital Saint-Jean et Saint-Paul et fut fondé en 1346. La moyenne des enfants reçus est de 450 par an. Cet hôpital a encore son tour bien qu'une délibération dont la date se place entre 1872 et 1875 en ait demandé la suppression. Il a un revenu d'une certaine importance qui néanmoins est insuffisant, aussi il reçoit un subside de la province.

*Asile pour les garçons.* — Il date de 1527 pendant la peste. Il peut actuellement recevoir 110 enfants. Le prix de journée pour leur entretien est de 1 fr. 25.

*Asile pour les filles.* — Il peut en recevoir 224 qui coûtent 1 fr. 10 par tête et par jour. Les revenus de ces deux asiles sont très peu considérables, ce qui nécessite pour eux une subvention de la commune.

NAPLES. — La maison des enfants trouvés est annexée à l'hôpital de l'Annunziata élevé en 1750 par le roi Charles III. Il y a dans cet établissement des ateliers de cordonniers, de tailleurs, de tisserands, une manufacture de corail. une imprimerie, une fonderie; les enfants apprennent suivant leurs goûts ces différents métiers. Après six ans les filles entrent dans un conservatoire spécial placé également dans la maison. Des sœurs *oblate e converse* sont chargées de leur surveillance.

En outre, dans les chef-lieux de chaque province de l'ancien royaume de Naples, il y a des surccursales pour les enfants trouvés que des maladies ou la grande distance empêchent de mener à l'hospice de la capitale.

MILAN. — C'est à l'hospice Sainte-Catherine (Santa Caterina alla Ruota) que sont reçus les enfants trouvés. Vers 1820, on y admettait annuellement environ quatre mille enfants, sur lesquels dix huit cents à deux mille étaient exposés. Les deux tiers au moins des enfants sont élevés à la campagne.

Le 16 octobre dernier, a été inauguré à Milan un institut pour les enfants rachitiques; son but est triple : servir d'école pour un certain nombre d'enfants, de petit hôpital pour d'autres, et de lieu de consultation pour ceux qu'on y amène (1).

GÊNES. — Gênes possède pour les enfants trouvés

(1) Voyez le journal officiel du 13 octobre 1881. L'institut existait déjà. Celui qui vient d'être organisé est un agrandissement et un perfectionnement de l'ancien.

un établissement qui porte le nom d'*Albergo dei Poveri*. C'est, dit M. Semichon, un vaste atelier bien dirigé destiné surtout aux orphelins et aux enfants de familles pauvres.

Turin. — A l'hospice d'enfants trouvés de cette ville on reçoit annuellement mille enfants. Vers 1840 on constatait que 500 au moins étaient apportés des contrées voisines. Aussitôt leur arrivée, les enfants sont mis en nourrice puis en pension et en service à la campagne. S'ils manifestent des aptitudes spéciales on leur fait suivre des cours de sciences ou de lettres. Les filles sont habituées aux travaux du ménage et aux ouvrages d'aiguille.

## BELGIQUE.

Tant que la Belgique fut réunie à la France, elle fut soumise au régime du décret de 1811. Les tours institués en exécution de ce décret existèrent dans différentes villes jusqu'en 1850 époque ou leur suppression fut votée à la suite d'un rapport adressé au roi des Belges en 1847, par le ministre de la justice. Le dernier tour, celui d'Anvers, a été fermé en 1860.

La loi actuellement en vigueur est celle du 30 juillet 1834. Elle fait une distinction entre les *enfants trouvés* nés de parents inconnus et les *enfants abandonnés* par des parents connus. La dépense d'entretien des premiers est supportée: moitié par la commune sur le territoire de laquelle ils ont été trouvés, moitié par la province. L'autre classe est mise sur le même pied que les pauvres en général; c'est leur domicile de secours qui contribue à la totalité de la dépense.

D'après cette même loi, il est inscrit au budget de l'État une certaine somme à titre de subside annuel pour les dépenses des enfants trouvés. Ce subside est partagé entre les différentes provinces.

La suppression des tours a amené une diminution du nombre des enfants trouvés, qui de 7703 qu'il était en 1849 est descendu à 5754 en 1860. La dépense de leur entretien s'élevait à la somme de 522,950 francs qui était fournie par les provinces, les communes, les comités de bienfaisance et l'État. Le contingent de ce dernier était en 1849 de 94,608 francs, en 1873 il n'était plus que 50,000 francs.

La plupart des enfants trouvés proviennent de la province de Brabant. Il en est une qui, paraît-il, n'en fournit pas du tout ; c'est le Luxembourg.

## EMPIRE D'ALLEMAGNE

PRUSSE. — Les enfants abandonnés et les orphelins sont placés à l'asile de Rummelsburg, ou le plus souvent, envoyés en nourrice à la campagne aux frais de la commune. Une commission du comité principal des pauvres, *Armen Direction*, est chargée du contrôle de cette branche de l'administration des secours ; elle a sous ses ordres environ 100 sous-commissions.

En 1870, sur une population de 720,000 âmes, Berlin comptait :

  4,380 enfants en nourrice au dehors.

  2,375 orphelins placés au dehors.

  582 à l'asile des orphelins.

Pour les 4,380 enfants en nourrice au dehors, la commune payait à 2,761 nourrices, des sommes variant de 3 fr 75 à 26 fr. 25 par mois et par enfant. Le plus grand nombre recevait de 5 à 6 francs par mois et par enfant.

Au 31 décembre 1870, la ville de Berlin entretenait 2880 orphelins.

Sur ce nombre :    487 étaient à l'asile de Rummelsburg.

36 dans un asile de Berlin.

1,673 en nourrice à Berlin.

684 en nourrice à la campagne.

A ce nombre, il fallait ajouter 59 enfants placés dans des établissements privés à Berlin ou près de cette ville.

La dépense de ces 2,880 enfants s'éleva en 1870 à 18,440 livres sterling, environ 461,000 francs.

Dantzig. — La ville inscrit chaque année à son budget une certaine somme, pour l'entretien des enfants pauvres et des orphelins. Cet entretien exige une dépense annuelle d'environ 50,000 francs.

Les secours accordés aux enfants en 1869 se répartissent d'après le tableau suivant.

| LIEU OU SONT PLACÉS LES ENFANTS. | NOMBRE des enfants. | DÉPENSES. |
|---|---|---|
| Maisons de correction . . . . . . . . . . | 10 | 36$^{l. st}$ |
| Payé aux nourrices en ville . . . . . . | 254 | 755 |
| Id.            à la campagne . | 68 | |
| Local temporaire des enfants abandonnés . . . . . . . . . . . . . . . . | 17 | 162 |
| Dans un asile d'orphelins . . . . . . . | 135 | » |
| Dans un autre asile . . . . . . . . . . . | 86 | » |
| Subsides de la ville au premier . . . | » | 873 |
| Id.            au second . . . . . | » | 336 |
| Total . . . . . . . . . | 570 | 2162$^{l. st.}$ |
| Total en francs . . . . . . . . . . | | 54050 |

Hambourg. — L'hospice des orphelins de cette ville est sous la direction du conseil général des pauvres.

En 1870, les revenus de cet hospice s'élevaient à 8,535 livres sterling dont 5,300 provenant de ses rentes particulières, et 3,235 de souscriptions.

Les dépenses s'élevaient à la même somme et se décomposaient comme suit :

|  |  |
|---|---|
| Nourriture et habillement. | 3,595 l. st. |
| Intruction des enfants... | 940 — |
| Administration ........ | 4,000 — |
| Total égal.... | 8,535 — |

Saxe-Cobourg-Gotha. — Différentes institutions, mais toutes de charité privée, y sont établies pour les enfants.

L'une d'elles a pour but de venir en aide aux garçons, fils de parents pauvres, qui veulent apprendre un métier sous la direction d'un bon maître. On paie leur apprentissage et quand il est fini, s'ils se sont bien conduits, on leur donne 10 florins pour frais de voyage.

Une autre institution s'occupe du placement des enfants abandonnés, dans des familles de gens honnêtes, travailleurs et sobres.

Une troisième prend les jeunes filles pauvres qui ont atteint l'âge de 14 ans et les fait admettre dans une maison où on leur fait apprendre ce qui leur est nécessaire pour devenir couturières, femmes de chambre ou cuisinières. Dans cet établissement, se trouve un jardin où les enfants pauvres de 3 à 6 ans peuvent aller jouer tous les jours, le dimanche excepté.

Saxe. Dresde. — I. *Institution de secours pour les garçons ou les filles de 6 à 14 ans.* — Dans le but de venir en aide aux enfants qui ne peuvent pas immédiatement entrer dans un asile d'orphelins et à ceux dont les parents sont en prison, ou par suite d'autres circonstances ne peuvent les entretenir ; le conseil des pauvres a désigné en 1837 des maisons pour les recevoir ; l'allocation est fournie par les fonds des pauvres de la ville. Pour pouvoir profiter de ce secours, les enfants doivent avoir 6 ans au moins et 14 ans au plus. Leur admission est proposée par les autorités judiciaires et la police.

Généralement les enfants ne restent pas plus d'un an dans les maisons qui leur sont assignées. S'il est nécessaire de les garder au delà de ce temps, on les envoie dans des maisons d'orphelins ou dans des familles à la campagne.

II. *Colonies d'orphelins.* — Ces colonies existent notamment dans les villages de Maxen, Rotzenschenbroda et Dohna. Les enfants sont placés dans des familles, ils vont à l'école de la commune et sont sous la surveillance immédiate de l'instituteur. Le pasteur est inspecteur et trésorier, il surveille l'éducation, paie l'entretien et adresse des rapports au conseil des pauvres.

III. *Maison municipale d'orphelins.* — Cet établissement fut fondé par le conseil de ville en 1687, pour y recevoir des orphelins légitimes de la religion luthérienne. Les enfants nés à Dresde y sont seuls admis. On exige un léger paiement de ceux qui ont quelque bien, ou des parents et amis qui peuvent leur venir en aide. En 1872, cette maison contenait 62 garçons et 47 filles. Après 14 ans, les garçons apprennent un état et les filles entrent en service.

IV. *Hôpital des enfants trouvés.* — Sa fondation est due également au conseil de ville et elle remonte au commencement du dix-septième siècle. On y reçoit, d'après l'organisation actuelle, les enfants orphelins de Dresde jusqu'à l'âge de six ou sept ans.

Leipzig. — Les orphelins ne sont jamais enfermés dans un asile, ils sont toujours placés dans des familles respectables auxquelles on paie une certaine somme par an.

Les enfants en nourrice sont élevés dans un établissement qui s'appelle *Ziehkinder Stiftung* qui coûte par an 3,000 thalers.

Il y a là en moyenne 120 enfants par année.

Deux écoles pouvant recevoir 1,500 enfants sont exclusivement réservées aux enfants pauvres. C'est là une des plus lourdes charges de la ville.

Il y a à Leipzig cinq crèches. Quatre où peuvent être envoyés, moyennant une légère rétribution, les enfants en bas âge dont les mères ne travaillent pas chez elles et ne peuvent par conséquent les surveiller ; la cinquième est destinée aux enfants en nourrice.

En Saxe, d'une manière générale, les orphelins pauvres sont reçus dans des asiles, ou placés dans des familles respectables aux frais du comité des pauvres. Ces comités doivent s'efforcer de persuader aux personnes sans enfants et qui sont à même de le faire, de recueillir ces orphelins et de les élever sans réclamer le remboursement de leurs dépenses. — Dans les endroits où il n'y a pas, comme à Leipzig, d'écoles spéciales pour les enfants pauvres, ils vont à l'école de la commune et le comité des pauvres paie pour chaque enfant moitié du prix exigé des autres.

Dans les villes où il est difficile d'occuper les enfants après les heures de classe et dans le cas où les parents obligés par leur travail à quitter leur domicile, laissent leurs enfants sans surveillance ; le comité des pauvres doit trouver des maisons où les enfants seront occupés et surveillés.

Après que l'éducation d'un orphelin est terminée, le comité du district dont dépend l'orphelin doit, sur les fonds des pauvres, lui payer les habits et les outils nécessaires pour son entrée en apprentissage.

Un apprenti orphelin ne doit pas de rétribution à son patron.

WESTPHALIE. ELBERFELD (1). — Il y a dans cette ville un orphelinat fort bien organisé qui reçoit tous les orphelins et les enfants abandonnés. Leur nombre est d'environ 200. En 1867, il y eut à cet hospice 114 admissions dont 51 d'enfants abandonnés et 63 d'orphelins.

En Allemagne, on commence aussi à se préoccuper de la protection des enfants matériellement et moralement abandonnés. Ainsi dans une brochure récemment publiée à Breslau par M. Rocholl, président du tribunal supérieur de Posen, nous trouvons émis ce vœu : qu'un individu tombant à la charge de la charité publique ou privée, perde le droit de fixer le lieu de résidence, le genre de vie, les occupations et l'éducation des membres de sa famille. Ce droit passerait à l'association charitable de secours. La principale raison d'une pareille mesure, dit M. Rocholl, git dans l'intérêt public. Quiconque s'est occupé pratiquement

_______________

(1) Cette ville est l'un des centres industriels les plus importants de l'Allemagne.

de secourir les malheureux sait, que les demeures
des pauvres sont un endroit funeste à l'éducation des
enfants. S'ils ne sont pas dès leur plus tendre enfance
dressés à la mendicité, ils s'étiolent physiquement et
moralement. Ce sont eux qui plus tard fournissent le
plus grand nombre de vagabonds et de criminels.
L'auteur continue en citant l'article 12 du Code pénal
wurtembergeois du 27 décembre 1871, lequel dispose:
que les personnes qui ne détournent pas leurs subor-
donnés de la mendicité, et les parents qui y dressent
leurs enfants ou ne s'inquiètent pas de leur abandon
moral (*sittlichen Fervahrlosung*) peuvent, après avis du
conseil municipal assisté de l'autorité religieuse, être
forcés de livrer ces personnes. Elles sont alors élevées
dans des établissements spéciaux ou dans des maisons
particulières, ou encore mises en apprentissage ou en
condition. M. Rocholl voudrait qu'on aille encore un
peu plus loin et qu'on décide : qu'en cas d'abandon
physique, lorsque le père ne pourrait ni nourrir ni
vêtir convenablement l'enfant, l'État aurait le droit de
s'occuper de l'éducation et de l'entretien du futur
citoyen, auxquels il serait procédé par les soins des
associations charitables déléguées.

## AUTRICHE.

Vienne. — Cette ville possède un grand hospice
d'enfants trouvés, bâti sous Joseph II en 1784, où
sont recueillis annuellement environ 2000 enfants trouvés. Cet hospice n'a pas de tour.

On y admet: 1° les enfants abandonnés pour aussi
longtemps que leurs parents ne sont pas découverts.

2° Les enfants nés dans les *maternités* de femmes non mariées.

3° Les enfants de femmes non mariées qui peuvent prouver qu'elles sont accouchées en se rendant à une maternité.

En général en Autriche, les dépenses des enfants trouvés sont supportées par le fonds local des pauvres. Il y a cependant des orphelinats qui ont des revenus suffisants pour leur entretien.

Nous avons dit qu'il n'y avait pas de tour en Autriche, mais on y a pris tous les moyens possibles d'éviter le scandale. Ainsi l'hospice de la Maternité de Vienne est ouvert le jour et la nuit à toutes les femmes qui s'y présentent, de quelque condition qu'elles soient. On ne leur demande même pas leur nom; elles sont seulement tenues de l'inscrire dans un billet cacheté qu'on leur remet à leur sortie, et qui n'est ouvert qu'en cas de décès dans l'intérêt de la famille et de l'enfant (1).

La maison des enfants trouvés de Vienne n'est que pour la réception des enfants; ils n'y restent pas et sont mis tôt ou tard en pension dans des familles à la campagne ou dans les faubourgs (2).

En 1838, l'entretien des enfants était réglé ainsi qu'il suit. La maison payait pour un enfant à la mamelle jusqu'à la fin de la première année 10 florins par mois, jusqu'à la fin de la seconde 9 florins, jusqu'à la fin de la troisième 8 florins, de la troisième à la sixième 6 florins et de la sixième jusqu'à la douzième

(1) Semichon, l. c., p. 180.

(2) Les familles qui reçoivent ainsi des enfants, soit en Allemagne, soit en Autriche, en font le métier.

5 florins, après quoi l'hospice ne donnait plus rien (1).

La dépense des enfants pauvres, parmi lesquels sont compris les enfants trouvés, s'est élevée anuellement pendant la période 1863-1872, à 1,198,302 fl. 48 k. en moyenne (2).

Cette somme était couverte de la manière suivante :

951,721 fl. 30 k. fournis par les communes.

147,473   18    fournis par des associations privées.

21,780   »    de secours supplémentaires d'éducation.

77,328   »    de fondations charitables au profit des orphelinats.

______________

1,198,302 fl. 48 k.

On calcule généralement en Autriche que les enfants assistés coûtent 2 florins par tête et par mois, et les orphelins 3 florins par tête et par mois (3).

## ESPAGNE (4).

Avant l'invasion de Napoléon, les enfants étaient confiés à des nourrices soit dans l'intérieur des établissements hospitaliers, soit à la campagne. Le prix du mois de nourrice était de 10 fr. 66 c. par mois

(1) REMACLE, l. c., p. 97 et 98.

(2) MAXIMILIEN STEINER, l. c.

(3) *Revue d'administration*, septembre 1879.

(4) Une ordonnance de Charles IV du 5 janvier 1794 décidait que les individus sortis de la classe des enfants trouvés, dans le cas d'une condamnation judiciaire, ne devaient subir aucune peine infamante ; mais seulement celles qui pouvaient être imposées aux personnes privilégiées. C'est de là qu'est venue cette croyance erronée à notre sens : qu'en Espagne les enfants trouvés étaient annoblis de plein droit. SEMICHON, p. 175 et 176. REMACLE, note 126.

jusqu'à vingt mois, et de 5 fr. 33 c. de vingt mois à quatre ans. A cet âge, les enfants étaient rendus à l'hospice où ils étaient élevés jusqu'à ce qu'ils pussent être mis en apprentissage.

En 1823, la maison d'enfants trouvés de Madrid était confiée à une association de dames nobles dirigée par la marquise de Villafranca. La dépense des 1,100 enfants que la maison entretenait et à laquelle elle subvenait seule était de 200,000 francs.

En 1838, l'Espagne possédait 69 hospices d'enfants trouvés.

## PORTUGAL

D'après le code civil portugais, les enfants mineurs abandonnés de leurs parents, tant que ces derniers restent inconnus, demeurent jusqu'à l'âge de sept ans sous la tutelle du conseil municipal de leur commune. Après cet âge, ils sont remis aux soins des comités de secours qui doivent pourvoir à leurs besoins et à leur éducation jusqu'à ce qu'ils puissent être émancipés. Les dépenses sont à la charge des communes et des districts.

En outre, il y a dans le royaume 31 asiles destinés à recevoir les enfants pauvres et orphelins. Ces asiles sont généralement établis dans les capitales des provinces. Les enfants y sont reçus dès l'âge de cinq ans, et on leur donne l'éducation que comportent leurs aptitudes particulières. Ces établissements possèdent tous de grands revenus provenant de fondations et de souscriptions privées, la plupart de date récente.

Mentionnons aussi des asiles d'une nature particulière, où les enfants ne sont reçus que pendant la journée pour être instruits; ils rentrent le soir dans leurs familles. De ce nombre sont les asiles de Lisbonne, soutenus par la société dite : *Société de protection des asiles pour enfants pauvres.*

## SUÈDE ET NORWÉGE

Dans les rares documents que nous avons pu consulter, nous n'avons rien découvert qui soit relatif aux enfants assistés. Il semble que dans ce pays la principale préoccupation consiste à empêcher les enfants de se livrer à la mendicité. Ainsi, les enfants au-dessous de quinze ans qui sont trouvés mendiant hors de leur district, sont ramenés de par l'autorité de l'inspecteur à leur domicile ou à celui de leur protecteur naturel. Dans le cas où ce domicile ne peut pas être connu, un secours temporaire doit leur être octroyé par la commune dans laquelle ils ont été arrêtés.

Les enfants mendiant dans leur district sont secourus par la commune, s'ils sont réellement nécessiteux.

En 1873, il s'est cependant fondé à Christiania une société particulière dont le but est de venir en aide aux enfants négligés et abandonnés et à ceux qui se trouvent dans une détresse physique ou morale; afin d'en faire pour la société des membres bons et utiles.

## TURQUIE

Le conseil de fabrique des églises grecques de Constantinople est chargé de s'occuper des enfants trouvés. Les enfants sont apportés à l'église et adoptés officiellement par le conseil de fabrique, qui les place dans des familles moyennant une légère rétribution.

C'est encore le conseil de fabrique qui doit, quand les enfants sont en âge, les faire envoyer à l'école et c'est lui qui est chargé de subvenir aux besoins de ces écoles.

Lorsque l'enfant peut travailler, c'est le conseil de fabrique, agissant comme *Coumbaros ou parrain*, titre qui chez les Grecs et les chrétiens d'Orient confère une autorité venant immédiatement après celle des parents, qui doit le réclamer et s'occuper de lui trouver de l'ouvrage. En général, les familles adoptives refusent de se séparer de l'enfant, alors le conseil de fabrique ne s'en occupe plus. Cette manière de procéder a, paraît-il, produit d'excellents résultats. On ne peut faire à ce système qu'un reproche, c'est qu'il encourage les parents dénaturés à abandonner leurs enfants. Car il leur permet de donner cette excuse : qu'en délaissant leurs enfants ils rendent service à une famille pauvre; alors qu'il n'y a là en somme de leur part qu'un manque de courage pour supporter leurs devoirs naturels.

## ANGLETERRE

En 1713, Addison réclamait un asile pour les enfants trouvés à Londres; il fut fondé vingt ans plus tard grâce aux efforts d'un citoyen généreux, Thomas Coram.

Cet établissement qui ne devait contenir que quatre cents enfants en avait mille en 1752 et six mille en 1760. Effrayé de ces résultats, le parlement se hâta de changer la destination de cette maison; dès lors les enfants trouvés retombèrent sous l'application du statut de 1602, aux termes duquel la charge de l'entretien des indigents incombe aux paroisses.

Au 1<sup>er</sup> janvier 1877, l'Angleterre avait 234,124 enfants assistés. Ces enfants sont secourus de deux manières différentes. Les uns demeurent avec leurs parents qui prennent soin d'eux, on dit qu'ils reçoivent *l'assistance au dehors ;* cette catégorie comprenait en 1877, 184,524 enfants. Les 49,600 autres reçoivent *l'assistance au dedans,* c'est-à-dire qu'ils sont séparés de leurs parents et entretenus et élevés dans des établissements particuliers.

Trois catégories d'enfants sont admises à ce secours : 1° les enfants dont les parents sont, pour un temps plus ou moins long, entrés au *vorkhouse* (1). On les appelle *casual children,* parce qu'ils ne sont qu'accidentellement à la charge de la paroisse;

2° les orphelins pauvres, parmi lesquels on range les enfants de femmes veuves ou abandonnées de leur mari, que la paroisse adopte pour que la mère ne retombe pas elle-même à sa charge avec ses autres enfants;

(1) « Le workhouse n'est pas seulement, dit M. d'Haussonville, une « maison de travail, où l'on offre aux personnes qui se déclarent incapables « de gagner leur vie un asile dont on s'efforce en même temps de les « dégoûter par la grossièreté du régime ; c'est encore et à la fois, un « dépôt provisoire pour les enfants abandonnés, un asile pour les fous, une « maison d'accouchement pour les femmes enceintes, un refuge pour les « vieillards et les infirmes, enfin un asile pour les malades. Tout cela « réuni et presque confondu sous le même toit, avec des séparations illu- « soires entre les sexes, sous la surveillance souvent nominale d'un maître « et d'une matrone. » Loc. cit., p. 117. Leur institution remonte à la reine Elisabeth, et leur réorganisation à un acte de 1834.

3º les enfants abandonnés. Mais dans cette catégorie ne sont compris que les enfants qui n'ont ni père ni mère connus. Une mère n'est jamais admise à déposer son enfant au vorkhouse, pour le mettre à la charge de la charité publique. On ne connaît en Angleterre ni le tour, ni l'admission à bureau ouvert. De plus, avant de se charger d'un enfant exposé, la paroisse fait une enquête pour en découvrir les parents. Si la mère est retrouvée et qu'elle soit mariée, on lui renvoie son enfant ; si elle n'est pas mariée, on la force à déclarer le complice de sa faute qui est tenu de fournir une pension à l'enfant.

On pourrait croire qu'avec un pareil système, le nombre des infanticides va être très considérable ; il n'en est rien cependant. Dans le livre de M. d'Haussonville, que nous avons déjà cité, nous trouvons que d'après la dernière statistique il y avait eu 140 poursuites dirigées contre des femmes pour meurtre ou dissimulation de la naissance d'un enfant, et en France 203 poursuites pour infanticide proprement dit, ce qui, étant donnée la population des deux pays, fait à peu près la même proportion.

Tant que ces enfants n'ont pas atteint l'âge de deux ans, ils restent au workhouse entre les mains d'une nourrice ; après leur sevrage ils sont soignés par les pensionnaires du workhouse sous la surveillance de la matrone et d'une de ses assistantes. Quand ils ont l'âge voulu, ils sont envoyés à l'école par les soins des administrations paroissiales.

Il n'y en a que peu qui soient placés chez des cultivateurs à la campagne. Ce système est pratiqué en Écosse avec succès ; plusieurs personnes avaient demandé qu'il fût mis également en vigueur en Angleterre, mais jusqu'ici les administrations paroissiales ont refusé d'entrer dans cette voie. Une des principales raisons, c'est qu'il n'y a pas en Angleterre comme nous en avons chez nous, des familles de paysans honnêtes, travailleurs, faisant valoir leur petit coin de terre ; et que l'enfant placé chez des cultivateurs anglais serait associé à leur vie de misère et de privations ; que de plus il aurait en général sous les yeux de fort mauvais exemples. En Angleterre en effet, à l'inverse de ce qui a lieu en France, les gros chiffres de naissances naturelles sont fournis par les campagnes et les districts agricoles (1).

On s'est aussi occupé en Angleterre de la protection des enfants du premier âge. Aux termes d'une loi de 1872 intitulée : *An act of the better protection of infant life*, les personnes qui se chargent de nourrir et d'élever moyennant salaire un ou plusieurs enfants au-dessous d'un an, sont obligées d'en demander l'autorisation. Elle est donnée à Londres par le bureau métropolitain des travaux ; dans les villes par le conseil municipal ; dans les comtés par les juges de paix. L'autorisation ne doit être accordée que si les locaux sont reconnus sains et si la personne qui la demande jouit d'une bonne réputation. Cette loi commence à donner de bons résultats au moins à Londres, surtout depuis 1878, époque à laquelle a été nommé un inspecteur chargé de l'exécution de la loi. C'est depuis ce moment qu'on a pu rechercher sérieusement et punir les contrevenants (2).

(1) Voy. d'Haussonville, l. c., ch. XVII, et Remacle, l. c., p. 109 et suiv.
(2) *Revue d'administration,* septembre 1879, p. 84.

Tout ce que nous venons de dire s'applique à l'Angleterre seulement. L'assistance aux enfants en Écosse et en Irlande est régie par d'autres principes.

Ainsi à l'hospice dépositaire de Dublin, et c'est le seul qui existe pour l'Irlande, on reçoit maintenant encore tous les enfants nouveau-nés qui y sont présentés, sous la seule condition qu'ils soient porteurs d'un certificat attestant qu'ils sont abandonnés et en danger (1).

## RUSSIE.

C'est en 1707 que fut fondé par Job, métropolitain de Novogorod, le premier établissement en faveur de l'enfance abandonnée.

Mais c'est à Catherine II que la Russie doit les deux grands établissements affectés, l'un à Moscou, l'autre à Saint-Pétersbourg (2), à l'enfance abandonnée et qui portent le nom de *maisons impériales d'éducation*.

Les enfants, dans leur premier âge, sont en général placés à la campagne dans des familles ; jusqu'à ce qu'ils soient parvenus à l'âge de sept ans environ. A ce moment ils rentrent dans la maison et sont divisés en deux classes.

Dans la première sont ceux qui sont jugés capables de recevoir une éducation classique. Ils apprennent le catéchisme, les langues russe, latine, française et alle-

(1) Cette condition a été imposée par un acte du Parlement de 1823. Auparavant l'admission était illimitée et sans conditions. Semichon, l. c., p. 189.

(2) L'hospice de Moscou fut fondé en 1766 et celui de Saint-Pétersbourg en 1770. Chacun de ces hospices a une succursale. Le premier, dans la province de Jatarof ; le second à Gatchina, petite ville située à quarante verstes de Saint-Pétersbourg.

mande, l'histoire, la géographie, les mathématiques, la physique, l'histoire naturelle, le dessin et la danse. L'enseignement pour les filles de cette division est le même à l'exception du latin, mais elles apprennent de plus la musique et le chant.

Dans la seconde classe sont ceux qui sont destinés à apprendre un métier.

A la fin de leurs études les élèves classiques entrent à l'Académie de médecine ou à l'Université et jouissent par la suite de tous les priviléges de la profession qu'ils embrassent.

A 21 ans pour les garçons et à 18 ans pour les filles, les élèves des métiers devenus majeurs, sortent de l'établissement, munis de lettres patentes d'affranchissement pour exercer l'état qui convient à leurs goûts et à leurs moyens.

Ces maisons de Moscou et de Saint-Pétersbourg ont des ressources très considérables qui proviennent : 1º d'une allocation sur les fonds du Trésor; 2º des bienfaits de l'impératrice et de plusieurs particuliers ; 3º des intérêts de ses capitaux ; 4º des profits du Mont-de-Piété; 5º des cartes à jouer, qui sont fabriquées pour tout l'empire dans ces maisons; 6º d'un tant pour cent sur les spectacles et amusements publics; 7º enfin des intérêts des sommes qu'on leur prête; car, et c'est là un trait fort curieux, ces hôpitaux sont de véritables dépôts de banque (1).

Le nombre des enfants exposés a été :

(1) En 1833, les capitaux prêtés à la maison de Saint-Pétersbourg, s'élevèrent à la somme de 26,938,972 roubles.

En 1827 de 4,019

En 1828 de 4,068     En 1831 de 4,150
En 1829 de 3,992     En 1832 de 4,319
En 1830 de 4,089     En 1833 de 4,405 (1).

A Moscou, la moyenne des enfants exposés pendant les vingt premières années de la fondation de l'hospice fut de 1900 par an, ce qui eu égard au chiffre annuel des naissances donne une proportion de 27,94 p. %. A Saint-Pétersbourg, la proportion était beaucoup plus forte : elle était à la même époque de 45 p. % (3600 abandons sur 8000 naissances.)

Nous terminerons ces détails statistiques par un emprunt fait à Remacle, à la note 145e. En 1829, le nombre des enfants inscrits sur les registres des établissements de Saint-Pétersbourg et de Moscou était de 44912 ; les revenus des deux maisons s'élevèrent pour cette année-là, à 3,453,888 roubles. En 1833, les revenus avaient atteint 4.041,640 roubles, tandis que les dépenses n'étaient que de 2,879,212 roubles.

Les maisons impériales d'éducation ne sont pas les seuls établissements d'enfants trouvés de la Russie; onze autres hospices existent dans les quarante gouvernements de l'empire. Nous pouvons citer ceux de Tulo, Jaroslaw, Kazan, Odessa. Ce dernier, qui est à la charge et sous la surveillance de la municipalité de la ville. a reçu en 1870, 97 enfants des deux sexes, pour lesquels les dépenses ont été de 1830 roubles. Il y a

(1) Nous aurions voulu nous procurer le compte rendu annuel de l'une des deux maisons d'éducation, pour pouvoir donner ici quelques renseignements récents. Malheureusement, malgré toutes nos recherches, cela nous a été impossible. Ceux que nous donnons ici sont empruntés à Remacle et à Labourt, l. l. c. c.

en outre à Odessa, une maison d'orphelins dont le soin incombe aussi à la municipalité. On y a admis en 1870, 190 enfants. La dépense pour cette année-là, a été de 24,823 roubles.

Enfin il y a dans la même ville un certain nombre d'établissements privés destinés à l'enfance; notamment :

L'hospice Alexandrowsky qui reçoit 135 garçons ou filles pendant le jour et en héberge 70 pendant la nuit;

L'hospice Meirunski qui reçoit 97 enfants pendant le jour et en garde 10 pour la nuit.

L'hospice Tesaruvna qui reçoit 73 enfants pendant le jour. Ces trois établissements sont entretenus par des souscriptions privées et par les revenus de leurs propriétés.

Il y a enfin l'asile de la société de bienfaisance des dames, fondée par la princesse Elisabeth Woronzow qui a donné pour sa création, la somme de 100,000 roubles. L'asile peut recevoir 125 garçons et l'école qui en dépend, 200. Il y a seulement 25 orphelins ou enfants abandonnés qui y sont admis gratuitement. Les autres doivent payer une rétribution annuelle de 80 roubles, dont moitié d'avance.

# POSITIONS

### DROIT ROMAIN.

I. — Le mariage à Rome n'était pas parfait par le seul consentement ; il fallait de plus, de la part de la femme, la prise de possession d'état de femme mariée.

II. — Le concubinat procurait aux concubins les avantages établis par les lois caducaires, et les faisait échapper aux déchéances prononcées par ces lois.

III. — Celles-là seules parmi les concubines, qui ont conservé après l'union le titre de *matrona*, peuvent être poursuivies pour adultère.

IV. — Déjà dans le droit ancien et dans le droit classique, le père devait des aliments aux enfants nés de son concubinat.

### HISTOIRE DU DROIT.

Lorsqu'il s'agissait de juger un grand vassal de la couronne, la cour du roi était composée de la même manière que quand il s'agissait de juger de simples vassaux des domaines royaux.

### DROIT CIVIL.

I. — L'article 313 dispose que le mari peut désavouer l'enfant pour cause d'adultère de sa femme, lorsque la naissance de cet enfant lui a été cachée.

Dans ce cas, le demandeur en désaveu doit prouver, non seulement le recel de la naissance, mais encore l'adultère de la femme.

II. — Le tuteur du mari interdit ne peut exercer eu son nom l'action en désaveu qui lui appartient.

III. — L'action en désaveu est inadmissible contre un individu qui ne se rattache au désavouant ni par un acte de naissance, ni par la possession d'état.

IV. — Les créanciers ne sont pas recevables à exercer une action en réclamation d'état au nom de leur débiteur.

### DROIT COMMERCIAL.

I. — La faillite est un fait judiciaire qui ne produit d'effets légaux, qu'autant qu'il est intervenu un jugement qui en déclare l'existence.

II. — Par le seul fait de la souscription d'une lettre de change, le porteur devient propriétaire de la provision.

### PROCÉDURE CIVILE.

Lorsque le tuteur a obtenu un jugement contre son pupille, il doit en adresser la signification au subrogé-tuteur, pour faire courir les délais d'appel. Il n'est pas nécessaire que cette signification soit faite à un subrogé-tuteur ad hoc.

### DROIT CRIMINEL.

I. — La présomption établie par l'article 66 du code pénal doit être appliquée à l'égard des crimes ou délits que ce code n'a pas prévus.

II. — Celui qui de, quelque manière que ce soit, prête son concours à un suicide doit être poursuivi pour homicide.

## DROIT ADMINISTRATIF.

I. — La suspension pour un temps excédant une année ne peut être prononcée à l'égard d'un membre de l'enseignement secondaire que par le conseil académique, sauf recours au conseil supérieur.

II. — Le président d'un conseil général n'a pas qualité pour se pourvoir contre une décision ministérielle ordonnant qu'une délibération dudit conseil annulée par décret, sera rayée du registre des procès-verbaux.

## DROIT INTERNATIONAL.

L'enfant trouvé né de père et mère inconnus, a la nationalité du pays où il a été trouvé.

Vu :

Nancy, le 25 novembre 1881.

*Le président de la thèse,*
Jules LIÉGEOIS.

Vu :

Nancy, le 26 novembre 1881.

*Le Doyen,*
E. LEDERLIN.

Vu et permis d'imprimer :

*Le Recteur,*
M. MOURIN.

Nancy. — Imprimerie Paul Sordoillet, rue Saint-Dizier, 51.

# TABLE DES MATIÈRES

## DROIT ROMAIN

### Du Concubinat.



**Du concubinat considéré en soi indépendamment des effets qu'il produit.**



### Des effets du concubinat.



## DROIT FRANÇAIS

### Des enfants assistés.

# ERRATA.

| Page | 5 | ligne | 6 | au lieu de | jouissait | lire | jouissaient |
|---|---|---|---|---|---|---|---|
| — | 6 | note 2 | | — | liv. IV | — | liv. II. |
| — | 6 | ibid | | — | st | — | et |
| — | 13 | ligne 22 | | — | loi | — | lois |
| — | 26 | — | 9 et 10 | — | staprune | — | stuprum |
| — | 41 | note 1 | | — | XXXVIII | — | XXXVIII. 16 |
| — | 46 | — | 3 | — | L. 3 | — | L. 3 pr. |
| — | 49 | — | 1 | — | vire | — | vir |
| — | 51 | ligne 26 | | — | libéraient | — | libérait |
| — | 57 | — | 24 | — | XXXIX | — | XXXIV |
| — | 59 | — | 30 | — | l'est | — | est |
| — | 67 | — | 8 | — | judiciaire | — | fiduciaire |
| — | 71 | — | 13, 18, 25 | — | posessio | — | possessio |
| — | 74 | note 5 | | — | XXVIII | — | XXXVIII |
| — | 81 | ligne 7 | | — | aliberis | — | liberis |
| — | 114 | | | — | Premier | — | I |
| — | 123 | | | — | Deuxième | — | II |
| — | 134 | | | — | II | — | III |
| — | 144 | | | — | III | — | IV |
| — | 154 | ligne 9 | | — | Gilbert | — | Gibert |
| — | 257 | — | 16 | — | vorkhouse | — | workhouse |
| — | 266 | — | 1 | — | Celui qui de, | — | Celui qui, de |